JN087505

応用インプロの挑戦

医療・教育・ビジネスを変える即興の力

テレサ・ロビンズ・デュデク & ケイトリン・マクルアー［編］

絹川友梨［監訳］

新曜社

APPLIED IMPROVISATION
Leading, Collaborating, and Creating Beyond the Theatre
Edited by
Theresa Robbins Dudeck and Caitlin McClure

謝　　辞

　協働と善意の心、これは優れたインプロヴィゼーションのもっとも重要な特徴です。本書は、執筆者たちの心からの献身的な協働と、家族や友人の好意的な支援なしには実現できませんでした。わたしたちの冒険に付き合ってくれてありがとうございます。とりわけ、以下の皆さまには思慮深いフィードバック、アドバイス、時間をいただき感謝をしています。タイソン・ヘーウィット、ドグ・ボールドウィン、ニール・スネイダー、マリ・リン、トーマス・ロビンス、サラ・フリーマン、カリ＆ダニエル・ナックソン−バラダック、ジェニファー・グリフス、マリーネ・フランク。メスエン・ドラマ＆ブルームスブリー社、特にマーク・ダグェオン、スーザン・フーバーからは、一貫したご指導をいただき、このプロジェクトを信頼してくださいましたことに、感謝を申し上げます。

　最後に、愛すべき辛抱強い仲間、ポール・ラッツ・デ・タゴイオス、デイル・デュデクへ。比喩的に、また文字どおりにマントをなびかせて、わたしたちと一緒に未知の世界に飛び込んでくれてありがとう。

目　次

装幀＝新曜社デザイン室

イントロダクション

テレサ・ロビンズ・デュデク & ケイトリン・マクルアー

　本書で取り上げる応用インプロヴィゼーション（以下、応用インプロと略記）の物語と方略は、刺激的で、革新的で、発展的な「実践と研究」分野の幕を開ける。それは人々がリードし、創造し、コラボレーションする方法を変える。わたしたち著者は、ビジネス・社会科学・演劇・教育・法律・行政など多彩な世界で活動するプロフェッショナルの応用インプロ・ファシリテーターである。全員がインプロヴィゼーションの力を実感し、その体験を分かち合いたいという思いに突き動かされ、「インプロヴィゼーションは、すべての人たちの行動をポジティブに変える」という共通した信念をもっている。

　「応用インプロ」は、演劇のインプロヴィゼーション（理論・教え・ゲーム・テクニック・エクササイズ）を、従来の演劇空間を超えて、現在のVUCA（変わりやすく、不確実で、複雑で、曖昧な）[1]世界において必要とされる柔軟な構造、新しい考え方、対人間・個人内のスキルの成長と発展を育むための応用を指しており、広い意味で用いられる言葉だ。あらゆるトップのビジネス・スクールでは、インタラクティブなチーム、情動的に知的で表現力豊かなリーダーたち、革新的なアイデアを開発するための応用インプロのコースが提供されるようになった。科学と医療の分野では、ニューヨークのストーニーブルック大学のアラン・アルダ・センターがインプロヴィゼーションを用いて、科学者や医師のために、聴衆や患者とのより良いコミュニケーションや、アイデアと意見を伝達するための支援をしている。法律学校や企業ですら、新人の法律家たちに、柔軟で自発的な意思決定のスキルを身につけさせるために、応用インプロのカリキュラムを採用している。全米売上高ランキング「フォーチュン500」の企業、政府機関、非営利団体に至るまで、多くの組織はますます応用インプロのファシリテーターを雇用して、優れたインプロバイザーが**舞台上**で行っていることを**舞台外**の仕事場で行えるように、管理職や従業員を育成している。[2]

　それでは優れたインプロバイザーが、舞台上で「**行っていること**」とは何だろうか？ それは、その場で共同的・自発的に動き、即座にアイデアを創発して、常に柔軟で、問題を発見して解決し、マルチタスクで、他者にモチベーションを

与え、アクティブ・リスニングを行い、リスクを負い、失敗もプロセスの一部として優雅に受け入れ、真実とつながり、観客にストーリーを効果的に伝えることである。プロのインプロバイザーは毎晩、恐れることなく、台本なしで舞台に立ち、世界中の観客のために上記のすべてを注ぎ込む。しかし本書の事例が明らかにするように、このテクニックを実践したいと願い、インプロヴィゼーションの原則を受け入れるなら、誰でも自分にとっての「観客」の前で、観客と協働して、インプロバイザーのように巧みに機能する方法を学ぶことは可能である。

応用インプロの領域

> インプロヴィゼーション：身体・空間・想像力・物、そしてすべての人間がもつ資源を用いて、アイデア・状況・キャラクター（おそらく台本も）の一貫した身体的表現を生成もしくは再定式化するスキル：先入観なしに、ある環境の即時刺激に反応するなかで、自発的に行うこと。（Anthony Frost and Ralph Yarrow, 2016: xv）

「インプロヴィゼーション」に関する定義は、ジャズ音楽と即興演劇の理論と実践が基本にある。われわれが上記のフロストとヤローの定義を支持するのは、インプロヴィゼーションが何にもまして、ある環境で反応するために用いられる「スキル」であると強調されており、外側ではなく「箱の中[3]」に焦点がおかれているからである。インプロバイザーは、部屋の中の情報源（特に他者）からインスピレーションを得て、刻一刻と、感覚的に意識を向けている。

　著書『ドラマ・シアター・パフォーマンスにおけるインプロヴィゼーション（*Improvisation in Drama, Theatre and Performance*）』の著者フロストとヤローは、歴史を通じて、文化を超えて、演劇のトレーニングやリハーサルで使われてきたインプロヴィゼーションの重要性を明らかにしている。インプロヴィゼーションは長い間、演劇のプロセス —— 台本を基にしたパフォーマンスにおいて、真実味のある演技を展開して、俳優の身体と想像力を解き放ち、実体的なものを生み出し、アンサンブルを築き、瞬間に対して本能的に反応すること —— の不可欠な一部であった。これは20世紀の変わり目に、ロシアのスタニスラフスキーが、リハーサルでインプロを使っていたことで証明されている。さらに歴史家は、16 ～ 17世紀にコンメディア・デッラルテ劇団が、対話やアクションを即興的に行ったと主張している。1950年代後期から1960年代初頭には、パフォーマンスとして

のインプロヴィゼーション自体が大いにポピュラーになった。これは、ヨーロッパでのキース・ジョンストンと劇団「シアターマシン」の画期的な活動や、1959年にシカゴでポールシールズと仲間たちが共同設立した劇団「セカンドシティ」の活動による。本書の著者たちのほとんどは、この先駆者たちから影響を受けている。

　本書のゴールのひとつは、独立した研究領域としての応用インプロを確立することである。現在、伝統的な演劇の実践や領域を超えて応用されるインプロヴィゼーションは、応用演劇のひとつとして分類されている。しかし応用演劇が伝統的なメインストリームの演劇の外に出て、応用的な演劇実践（例えば教育・コミュニティ・政治的空間）という意味をもちポジティブに変化したように、応用インプロも応用演劇の領域を超えて、新しい意味をもつようになった。

　応用インプロのプログラムは、ビジネス・法律・科学・教育機関への導入が増加している。しかし驚くことに、いまだ応用インプロを受け入れていない学問分野もある。それは将来の応用インプロのファシリテーターを訓練する自然な行き先であろう演劇分野である。インプロヴィゼーションのクラスは、しばしば演劇のプログラムとして提供され、インプロヴィゼーションは、演技のクラスや稽古場で使われている。しかし演劇を初めて学ぶ学生（特に職業として俳優を望まない学生）に、応用インプロのトレーニングを紹介したり、潜在的で実行可能なキャリアパスとして、応用インプロを紹介するコースを見つけることはほとんど不可能である。

　応用演劇、社会変革のための演劇、コミュニティ・ベースの演劇コースでは、方法論のひとつとしてインプロヴィゼーション、特にアウグスト・ボアールのゲームが組み込まれている。これらのコースの一般的な主目的は、非営利組織やコミュニティと共に、社会的・政治的・修復的な変化をもたらすために演劇メソッドを活用して、学生を教育することにある。本書で紹介する事例の少なくとも半分は、こうした変化を促すためのものだ。しかし応用演劇コースの活動は、しばしばプロジェクトごとの必要性によって、パフォーマンスの創作が含まれている（台本があることもある）。応用インプロの活動では、伝統的な意味での演劇パフォーマンスを創作することはまずない。「パフォーマンス」が起こるのは協働的な環境で、学生が学校外で、巧みなインプロバイザーのようにうまく機能し反応できるときである。さらに応用インプロの活動は、非営利組織やコミュニティの中でも行われるが、ほとんどは営利組織で行われており、この種の活動は、応用演劇コースの研究対象とされない。

　これはもっともなことだ。応用演劇という確立された領域は、多くの演劇的な

アプローチと実践があり、すでに多くの分野に及んでいる。応用演劇は、しばしば疎外されたコミュニティと関わり、体系的な手法で問題に取り組んでおり、それはたとえば企業のチームなどで働く応用インプロのファシリテーターの仕事とは全く異なる目的を持ち得る。したがって、もし応用演劇コースが応用インプロを導入しておらず、学生がすでに応用インプロをファシリテートする専門的なキャリアに関する力を伸ばしているとしたら、何をすべきだろうか。法学校が、公民権法と事業法の両方のコースを提供するように、社会学部が、社会事業や都市計画など幅広いキャリアのためのコースを提供するように、演劇学校は、競争的なマーケットの中で、学生が幅広いキャリアにより対応できるように、応用演劇と応用インプロの両方のコースを提供しなければならない。

応用インプロ・ネットワーク（AIN）に所属している5000人以上のトレーナー・ファシリテーター・コンサルタント・エグゼクティブ・教育者・科学者・アーティスト・介護士・セラピスト・マネージャーのうち、演劇学部を卒業した者はごくわずかであると推察している。しかし演劇学部に応用インプロのカリキュラムが導入されれば、この数は増えるだろうと楽観視している。この分野は、まだ演劇の学生を惹きつけるに至っていない。AINの代表ポール・Z・ジャクソンは「多くのAINのファシリテーターは、演劇のインプロヴィゼーションのパフォーマンスやワークショップからインプロヴィゼーションを知りました」と語った。しかし応用インプロのファシリテーターが用いているインプロの方法が**演劇的な**インプロヴィゼーションを根元としていたとしても、すでに述べたように、ほとんどの劇場や演劇的なインプロヴィゼーションのコースとワークショップは、演劇外のあるいはパフォーマンス以外の文脈で、インプロを応用する方法については教えていない。これは応用インプロが、それ自体で独自の分野であるという議論に行き着く。応用インプロのファシリテーターのほとんどは、独自にネットワークを通して、インプロが演劇を超えて多様な学問領域とうまく異花受粉する方法を見出してきた。ファシリテーターたちは、演劇の理論や実践からもさることながら、たいていは組織行動学・戦略的マネージメント・社会科学・批判的教育学・グループイノベーション・創造性などの主導的な研究と自分自身の行動を（理論的にも実践的にも）交流させ、実証し、強化し、増強するなかで、有益なものを獲得してきた。応用インプロは学際的で、多面的で、たくましく、それ自身で立ち上がる準備ができている。それは演劇の文脈に起因しているが、応用インプロ自身の研究領域を正当なものとするほどに、応用演劇の実践とは十分に隔たっている。本書の応用インプロの実践例が、それを実現するきっかけになることを望んでいる。

インプロヴィゼーションはすべての人のためのもの

　われわれは本能的に、毎日のそれぞれの瞬間に、大なり小なり台本なしで意思決定をしている。しかし人生においてさえ、われわれの自発的な決定は、構造やスケジュール、一連の個人的・社会的原理の中でなされている。舞台上のインプロヴィゼーションも同じである。あなたがバスケットなどのチームスポーツの経験があるならば、チームにおいて、価値あるプレーヤーであるために必要なことがらを理解しているはずだ。「即興は誰でもできる」と、『コメディの真実（*Truth in Comedy*）』の中で、著者シャラナ・ハルパーン、デル・クローズ、キム・ジョンソンは述べた（Halpern, Close, and Johnson 1994: 34）。「しかしどのゲームでも同じように、もしプレーヤーがルールを学ばず、ルールに従わなければ、誰も彼とはプレイをしたいと思わないだろう」。あなたは気づかれるだろう。本書に繰り返し現れるモチーフは、インプロヴィゼーションの実践から恩恵を得るためには、演劇出身者であることも、パフォーマーであることも、外交的であることさえも必要ないということを。必要なことは、本書の付録Aに定義したインプロヴィゼーションの原則に従って、さまざまなエクササイズを通して実行すること、そして徐々に、これらの原則を別の環境で教えてみることである。

　われわれの友人でスタンフォード大学のパトリシア・ライアン・マドソン（Madson 2005: 15）は、「優れたインプロバイザーは、覚醒していて、完全にひとりよがりというわけではなく、何か役に立つことをしたい、何かお返しをしたいという欲求に動かされ、この衝動に駆られて行動する人である」と述べた。これが真実なら（われわれはそうであると信じるが）、優れたインプロバイザーにコメディの能力や巧みさが必要であるという考えは、完全に誤りである。最良のインプロバイザーは「ありのままの自分」でいて、自らの衝動を信じ、瞬間に素直に反応する人である。面白くあろう、クレバーに振る舞おう、独創的なことをやろうと**試みる**なら、それは「あなたを真実の自己から引き離し、なすことを平凡にしてしまう」と、インプロのパイオニアであるキース・ジョンストン（Johnstone 1979: 88）は主張する。「**真実こそ面白い**。誠実に観察して、そこから発見したものに反応することは、考案された発明よりももっと良い」とハルパーンたち（Halpern et al. 1994: 15; 強調は原著より）は言う。観客から笑いをとるのは気持ちがいいものなので、初心者や怖がりのインプロバイザーは、真実の人間関係を築いて、しっかりとストーリーを発展させ、観客と深いレベルでつながろうとせず

に、なんとか面白くして、**笑いをとろうとする**という間違いを犯してしまう。優れたインプロバイザーは、マドソンが言うように、その場のパフォーマンスを良いものにし、表面的な笑いを超えて、観客を突き動かし、誰にとっても忘れられない経験をしてもらいたいと願う。優れたインプロバイザーは、本番が終わっても他者と真摯に関わり、自らの直感を信じ、リスクを恐れず、失敗を学びの要素として受け入れ、もっとも大事なこととして「カオスの縁」でも見事に行動することができる。

インプロバイザーが働く「カオスの縁」とは、複雑系理論からの言葉で、秩序と自由の間で、構造と驚きの間に横たわる領域で行動するという意味である[5]。本書の最終章で、幸運にもインタビューに成功したマサチューセッツ工科大学卒業の創造性研究者であるキース・ソーヤー（Sawyer 2007: 56）は、このバランスを保つ行為を「パラドックス」として見ている。「インプロヴィゼーションのパラドックスは、ルールがあり、かつプレーヤーたちが暗黙知を共有しているときにのみイノベーションが起こりうるが、ルールが多すぎたり、過度に厳格であったりすると、イノベーションの可能性が失われてしまうところにある」。組織もまた「カオスの縁」で行動しているとき、もっとも「生き生きして、驚きがあり、柔軟である」（Brown and Eisenhardt, 1998: 12）。良いバランスを見つけることは、パフォーマンスをしているインプロバイザーにとってだけではなく、多くの著者がケーススタディで例証しているように、革新的で創造的なアイデアや解決を生み出したいと思う組織にとっても必要である。

応用インプロ・トレーニングのゴールは、プロフェッショナルのインプロバイザーを養成することではない。観客のためにパフォーマンスをしたいという欲求は、応用インプロのコースにおける成功の前提条件ではない。しかし良い結果を達成するには、成功しているインプロヴィゼーションのチームが遵守している実践・応用・省察と同じサイクルに従うのが、良いだろう[6]。それは以下を含む、繰り返し可能なサイクルである。

（1）**オフステージでの実践**。安全な環境で、チームの全員がプレーヤーと観客の両方として参加し、建設的なフィードバックを行う。

（2）**異なるステージでの実践の応用**。リスクの高い多様な観客の目前で、多くの付加的要素（照明・音響・観客の反応）が組み込まれていなければならない。

（3）**パフォーマンス後におこなうメンバー間での省察**（何が機能して、何が機能しなかったか、それはなぜかを問う）。これは次回のパフォーマンスに影響

する。

　このサイクルは、自らの組織にインプロのメソッドをうまく使いたい人たちに必要である。優れたインプロバイザーは、いつも「トレーニング」状態であり、パフォーマンスは単にこのトレーニングの延長にすぎない。われわれは最初に応用インプロ・コースを取り入れた組織に敬意を表するが、もし組織が常に変わり続けたいならば、トレーニングを固定させずに、このサイクルに従わなければならない。

応用インプロ小史

　個人・コミュニティ・組織を改善するために、演劇を超えてインプロを応用することは新しいことではない。以下に、主要な応用インプロ運動の動きと20世紀のパイオニアたちを何人か取り上げる。1921年、サイコドラマの創始者であるオーストリア人の精神科医師J・L・モレノが、「ダス・ステグレイフ劇場」（自発性の劇場）を設立し、そこで俳優が日刊紙の記事を即興的に演じた（1930年代のフェデラル・シアター・プロジェクトによる「リビング・ニュースペーパー」と似ている）。それは、俳優たちの社会政治的な問いと個人的な問題を検討し、経験することを可能にしたフォーラムだった（Frost and Yarrow 2007: 111）。この初期のサイコドラマ的なインプロヴィゼーションの実験室は、言うならば、自発性は人の基本的形質であるというモレノの信念と、「行為は話すよりも健全である」という前提から生まれた（Innes 1993: 50）。

　J・フォン・ノイマンとO・モルゲンシュテルンの『ゲーム理論と経済行動（*Theory of Games and Economic Behavior*）』（Nuemann and Morgenstern 1944）に影響されて、「個人の発達、子どもの成長、より広く社会にとっての良い相互作用と形成の鍵としての遊びとゲームの重要性」を論じた2つの重要な研究が出版された。ヨハン・ホイジンガの『ホモ・ルーデンス ── 文化のもつ遊びの要素についてのある定義づけの試み』（1938/1974）とロジェ・カイヨワの『遊びと人間』（1958/1970）である（Heddon and Milling 2006: 34）。社会学者のネバ・L・ボイドは、1920年代シカゴのレクリエーション訓練学校で、社会的な発達を促す方法として、初めてゲームと遊びを応用した[7]。ヴァイオラ・スポーリン（演出家ポール・シルズの母）は、1924年から1927年にかけてボイドのもとで訓練を受け、1938年から1941年にかけて教師とドラマの指導者として、移民や都会の子

どもたちの創造的な自己表現を解放させる支援のために、彼女の基礎となった演劇ゲームの開発をはじめた（後にシルズによって「セカンドシティ」で用いられた）。1960年中期に始まった「シアター・イン・エデュケーション（TIE）」の運動は、インプロヴィゼーションを含む演劇の技術を、教室の道具として用いるものだった。ピーター・スレイド、ブライアン・ウェイ、ドロシー・ヒースコート、リチャード・コートニーら名だたる戦後イギリスのTIEの革新者たちは、子ども期の発達における創造的な遊びを支援するための即興的なメソッドを応用し、著書として出版した。[8]

　「被抑圧者の演劇」の創立者アウグスト・ボアールは、1950年代〜1960年代にブラジルで活動し、抑圧的な社会状況を理解し、解放を目指す個人やグループの支援のために、即興的なゲームやフォーマットを開発した。ボアールのもっとも有名なフォーマットのひとつである「フォーラムシアター」は、グループが即興的に、自らの問題に関する解決を探求するための構造をもっている。

組織開発における応用インプロ

　組織開発は、フィールド理論やグループダイナミクス理論で知られる心理学者クルト・レヴィン（1890-1947）によってその基礎が与えられ、1950年代に勢いを得始めた。1971年に、組織開発は「自己を更新するための組織を達成するために、経験にもとづく行動を採用する教育戦略」と定義された。ゴールは以下である。

　　問題を解決するオープンな環境を創り出すこと；そうする能力を備えた資格の権限を補完すること；信頼を築くこと；不適切な競争を減らし、協働を促進すること；組織目標と個人目標の両方を認める報酬制度を開発すること；情報源に近いところに意思決定と問題解決の責任を位置づけること；組織と目標が「自分のものである」という感覚を高めること；組織の構成員であることへの自制と自己指向を高めること。（Kegan 1971: 456）

　われわれの調査では、1960年代から1980年代後半までに、即興演劇のプロセスが組織開発プログラムに応用されたという証拠は見つかっていない。しかし上述の目標のほとんどは、応用インプロの目標と類似している。したがって行動科学に根ざした分野である組織開発の先駆者たちが、即興とのつながりに気づかな

かったことは驚くべきことである。

　1990年代までに、組織は積極的にインプロをトレーニングに採用するように
なった。本書の著者の何人かは、この時期に応用インプロの仕事を始めている[9]。
しかしドゥーシャ・ヴェラとマリー・クロッサン（Vera and Crossan 2005: 203）の
ように、チームにおける革新的なパフォーマンスのためのインプロ・トレーニン
グの研究はなされているものの、「この技術を開発するための有効性に関する理
論的な研究は限られている。さらに、即興的なトレーニングの利点を支える経
験的な証拠も欠けている」。2007年にキース・ソーヤーは、われわれは今「柔軟
性・結びつき・［そして］会話にもとづいた … 協働的な組織の文化にあり」、そ
こでは「即興的なイノベーションは、標準的なビジネスの実践である」と書い
た（Sawyer 2007: 156）。それでは、組織開発戦略に組み込まれたインプロに関す
る理論的・経験的研究が、なぜ今まで不足していたのだろうか？　なぜ組織開発
は、応用インプロの活用に遅れているのだろうか？　過去10年間に数名の著名人
が、自発的な意思決定・マーケティングと販売・コミュニケーション・組織化の
構造化・協働的創造とイノベーションに、インプロの実践が適していることを示
す重要なモノグラフを出版している[10]。しかし広く公開されているリサーチの量は、
世界中で起こっている応用インプロの成長と多様性には比例していない。本書が
応用インプロのファシリテーターたちの刺激になって、実践者たちが自分自身の
ストーリーや戦略をまとめ、執筆して、出版するようになればと願っている。

教育者とファシリテーターのために

　わたしたち著者は、演劇出身者やビジネス出身者もいれば、大学・非営利・営
利分野で働いている者もいるため、いくつかの読者層を念頭において本書を作成
した。まず本書は、カリキュラムとして、応用インプロの導入に関心のある大学
の演劇教育者を対象に、学生がインプロに関して新しい視点をもち、もし可能で
あれば、キャンパス・彼らのコミュニティ・グループ・組織のために、応用イン
プロのアイデアやプロジェクトを生み出す出発点として活用できるように、幅広
いワークを紹介した。本書は、応用演劇・劇場経営・芸術管理の学部や大学院の
コース・インプロに熟練した教授陣による単発コースにも役立てることができる。
優れた演劇は、協働的な創造から生まれる。演劇を学ぶ学生は、応用インプロの
コースを通して、複数の状況やさまざまな役割における協働的プロセスの方法を
学ぶだろう。

学際的なイニシアチブを奨励する大学機関の教授陣も、本書の恩恵を受けるだろう。例えば本書のケーススタディは、リーダーシップや教育のコースのために、情動的な知性をもち、表現力が豊かな真正の将来のリーダーや教育者を育成することを目的とした、応用インプロのツールを提供する。ビジネスコースのためには、協働的な創造性・リスクテイクし、創発的なイノベーションに焦点を当てたケーススタディが特に役立つ。さらに本書は、指導的な応用インプロのファシリテーターによって生み出され、使用されている多様な方法を提供している。これはすでにインプロを応用している人々の活動を増強するだろう。

　付録Aは「鍵となるインプロの原則と用語」のリストである。このリストは、ファシリテーターにとって、インプロでしばしば用いられ、本書にも頻出する原則と用語の手軽なガイドとなる。この付録を含めたのは、著者たちが用語を再定義することなしに、それぞれのユニークな事例の執筆に専念できるようにするためである。なお本書に頻出する「インプロ」は、インプロヴィゼーション（improvisation）の略語である。[11]

　巻末のエクササイズ集では、学生がファシリテーターをするときのモデルとして、ケーススタディで使用されたエクササイズの概要が紹介されている。ほとんどのエクササイズは、さまざまなグループの特定の必要性や目標にも適応が可能である。付録Bは、エクササイズのリストとカスタマイズのためのガイドラインである。われわれはまた、インプロを真剣に学び、教え、パフォーマンスを行うすべての人に、以下の2冊を読むことを強くお勧めする。ヴァイオラ・スポーリン『即興術 —— シアターゲームによる俳優トレーニング（*Improvisation for the Theater*）』（Spolin 1963）とキース・ジョンストン『インプロ —— 自由自在な行動表現（*Inpro: Improvisation and the Theatre*）』（Johnstone 1979）である。

　本書のすべての著者は、インプロが自分の人生を肯定的に変えたことを、あなたに伝えるだろう。もっと今に生きるようになり、優しくなり、好奇心に満ち、勇敢になり、いつも笑っていたいと願うようになったと！そして応用インプロを教えること、促進することは、何年もの困難な作業であり、継続的な学び、自己評価、即興的に仕事をする能力が求められる。もしあなたが応用インプロのワークショップをファシリテートするときに、グループの変化する要求に対応するために台本から離れたり、事前に決めたプランから遠ざかったりすることを怖いと感じたなら、自分で応用インプロのファシリテーターやワークショップを始める前に、受講生としてインプロのクラスを1回（もしくは2回！）受けた方がいいかもしれない。

本書の概要

　本書のケーススタディは、各領域の主導的なファシリテーターによって生み出された、プロフェッショナルな応用インプロの重要で詳細な例である。著者たちが、表面的なことだけではなく、自分自身の秘訣を積極的に開示してくれたことを嬉しく思う。もちろん本書は網羅的なものではない。応用インプロのファシリテーションには、本書に紹介しなかった多くの形態がある。しかし本書に取り上げた事例の幅の広さは、応用インプロの活動領域の多様性と影響力を示している。

　パート1「レジリエンスと結びつき」は、レジリエンスの文化を創り出すためにデザインされたキャシー・サリットの2年間にわたる腫瘍科の看護師たちとの応用インプロの活動から始まる。レイシー・アラナとジム・アンサルドは、自閉症スペクトラムの若者と教師を支援するために開発した応用インプロのカリキュラムを詳述している。ブラッド・フォーティアのケーススタディは、即興演劇のゲームと即興演劇の精神が、不本意あるいは偶然に連れてこられた難民たちに対して、どのようにコミュニティ感覚を作り上げる上での支援になるかを探求したものである。このパートの最後には、マリー・ティシュキェヴィチが、超大型台風ハイヤンの100日後のフィリピンに連れて行ってくれる。そこでは災害の生存者が、彼女の急速救助理論の有効性を示すだけではなく、他者を助けようとする人間の欲求は、恐怖よりも強いことを示してくれる。

　パート2「リーダーシップ開発」では、ケイトリン・マクルアーが、世界トップの宝飾品販売企業のひとつであるティファニーに、どのように「リーダーシップ開発」として応用インプロを持ち込んだかの報告で始まる。彼女のケーススタディは、どのように特定のインプロのエクササイズが選ばれ、ティファニーの中核マネージメント・プログラムの野心的な目的に適合するように修正されたかを探求している。次にテレサ・ノートンが、過去20年間にわたるインプロとロールプレイのテクニックを用いた、中国のクライアントとの仕事の内実を開示している。このパートの最後の章では、ジュリー・ハファーカーとカレン・ドーソンが、協働的知性を解き放ち、組織のリーダーシップ・チーム・文化に持続的な行動変化をもたらすために用いた応用インプロのツールを紹介している。

　最後のパートは「高等教育」である。大学と大学にとどまらず学際的な仕事を行っている実践者や学者による事例を紹介する。対立解決の活動を行い、教育を施しているバーバラ・ティントは、インプロに癒しの可能性を発見し、即興的な

原理と方法を対立解決の専門家・仲介者・法律家の訓練のために統合的な方法を紹介している。アナリサ・ディアスは、インプロの原理とアウグスト・ボアールのゲームがいかに対話のファシリテート技術を発展させ、学生を社会の正義へ向かうよう力づけるかを示した。ジョナサン・ロッシングとクリスタ・ホフマン－ロングティンは、科学者や医者がより良いコミュニケーションをして、聴衆や患者、学生たちとつながりを作るための支援をデザインした応用インプロ・プログラムの詳細を示している。最後に締めくくりとして、テレサ・ロビンズ・デュデクが、応用インプロのコミュニティでよく知られた2人の刺激的な会話をファシリテートする。創造性・学習・協働の著名な科学者キース・ソーヤーとイギリスで人気のライター、コメディアンで「コメディ・ストア・プレーヤーズ」の共同創立者であるニール・マラーキーである。

　マラーキーはソーヤーとの会話の中で、基礎的な原理である《イエス・アンド》が彼にとって何を意味するかという点を表現するために、二度も「喜び」という言葉を使っている。われわれプレーヤー・教師・ファシリテーターのコミュニティでは、インプロが人生を変え、自己や他者を発見する「楽しい」方法であること、説明を超えた感情を引き出すプロセスであるといった話をよく耳にする。アメリカのフリージャズのベーシストで詩人・作曲家であるウィリアム・パーカーによる以下の引用は、インプロヴィゼーションに関して、われわれの協働的な感情ととても近い記述である。

　　インプロヴィゼーションは喜びだ！　インプロヴィゼーションは魂であり、生き物で、われわれの現実を変えるものであり、風や、海や、雨のように自然の力だ。インプロヴィゼーションは飛んでいる鳥であり、かつ重力である。インプロヴィゼーションは、われわれが人生を通してつくるムーブメントを飾る言語だ。インプロヴィゼーションは、より高い自己と追求に役立つ儀式だ。われわれが知っている／知らないものを使って、無限の可能性のある風景に達することを可能にするキネティックな流れだ。（Caines and Heble 2015：450）

　もしあなたが上下関係ない教室で、カオスの中を歩くことを望むならば、その場所は問題を発見するよりも、プロセスと問題提起を重要視するところである。そこは共感・尊重・真正性を重要視して、すべての参加者の協働的な努力と経験から、学びと創造が創発するところである。さあ、あなたがインプロヴィゼーションをする準備は整った。応用インプロは、あなたの指導・創造・協働する方法を変える。それは不確かで狂った世界に、喜びをもたらすものでもある。あな

たが本書に多くの喜びを感じてくれることを願う。本書をまとめたわれわれと同じように。

パート1

レジリエンスと結びつき

1

インプロヴィゼーションで
レジリエンス文化を創造した
看護師たち

キャシー・サリット

ジョンズ・ホプキンズ病院腫瘍科の看護師

　腫瘍科の看護従事者たちが情動的な重荷を背負っていると聞いても驚く人はいないだろう。助かる可能性の低い多くの重篤の患者を扱うストレスは、想像に難くない。国家統計では、救急看護師を含む他科のいずれの看護師と比べても、腫瘍科の看護師がより「燃え尽き」の割合が高く、仕事の満足度も低いことを示している。

　シャロン・クルム博士は、1988年からジョンズ・ホプキンズ病院のシドニー・キンメル総合癌センターの腫瘍科看護部長である。彼女は、この統計の結果が状況の一部しか伝えていないと思った。この癌センターは、癌治療の最先端という評判をもつ国内有数の癌治療施設のひとつであり、教育研究病院として、あらゆる癌治療を試し尽くした患者が最後にやってくる場所である。通常よりはるかに複雑なケースとなるため、死を迎えつつある多くの患者を救うために、医者や看護師は超人的な努力を必要とされる。

　この燃え尽き症候群が、看護師の転科や欠員の多さにつながっていること以上に、看護師がきわめて強いストレス下にいることを、クルム博士は強く認識していた。2006年に彼女はフォーカスグループと調査を開始し、以下の幅広いことがらで、看護師たちがより多くの援助を必要としていることを知った。

• 死にゆく患者の情動的な衝撃への対応。

- スタッフ間のコミュニティと関係性の強化。
- 精神的・身体的環境の改善——もっと静かな空間・食事の時間・乱雑でなくもっと管理されたスケジュール。
- 重病患者への対応が成功したときの承認。

　これらの知見は、対処しなければならない構造的・環境的な問題を超えており、もっと個人的・発達的な支援が必要であることをクルム博士に教えた。多大な情動的エネルギー・共感・関与を要求される腫瘍科看護師の、仕事上の情動的・個人的・社会的な負荷を、自分で管理する技術を与え、支援をしたいとクルム博士は考えた。これは看護師がより大きなレジリエンスを高めることを意味した。彼女はレジリエンスを「健康的なスキルと能力によって、個人が個人的・専門的に満足のいく状態を達成し、維持し、回復することを可能とするダイナミックなプロセス」と定義した。[1]

　クルム博士は、活動を開始し「死別とレジリエンスのイニシアチブ」を推進した。瞑想やヨガの小さなクラスを始めて、看護師が休んだり、心を立て直したりするための静かな空間を提供した。良いスタートではあった。しかし彼女はまた、看護師が情動的なニーズに対処して、毎日（そして夜も）直面している要求やストレスを扱うための付加的なツールを与えるために、対話的でダイナミックな「介入」を提供したいと考えていた。

　2008年初頭のある日、クルム博士は、ホプキンズ病院のイノベーションセンター（Center for Innovation in Quality Patient Care）の会議に出席した。そこで当時、医療看護部長だったカレン・デイビスの、緊急部門と一般医療部門の看護リーダーのための新しい訓練プログラムについての報告を聞いた。この訓練は、緊急部門から一般部門に患者を移送する「引き継ぎ」時に、定期的に顔を合わせる両部門の看護師間の緊張関係を改善するためのものだった。このプログラムは大成功して、引き継ぎを効率的・効果的にしただけでなく、両部門の従事者間の職場関係を大きく改善したのだった。

　この結果は印象的なものであった。しかしクルム博士が興味をひかれたのは、それだけではなかった。デイビス博士が紹介したプログラムは遊び・演劇・インプロを含む型破りなものだった。そして長い間お互いにイライラや不満を感じていた看護師たちが、今は一緒にプレイしたり、笑い合ったりしていると話した。そしてこのことを、デイビス博士が興奮し、楽しそうに報告したのである。これはデータ重視の学術的会議ではほとんど見られないものだ。

　クルム博士は「わたしも彼女と同じものが欲しいわ」と思った（彼女は、映画

『恋人たちの予感』の大ファンだったのだ）。デイビス博士が「持っていたもの」、それは我が社「パフォーマンス・オブ・ライフタイム（POAL）」のプログラムである。こうしてわれわれの物語は始まった。

新しい遊戯(プレイ)、みんなのために

クルム博士はすぐにわれわれを訪ねてきた。2008年の春から夏にかけて、同僚のモウリーン・ケリー（優秀なデザイナー、インプロバイザー、教育者、ソーシャルセラピスト）とわたしは、腫瘍科部門で日々行われている「遊戯（プレイ）」をできるだけ理解するために、クルム博士と副部長のスザンヌ・カウパースウェイトとディスカッションを重ねた。2008年の秋までに、クルム博士と彼女のチームと一緒に、プログラムの計画についての概要をまとめた。

開始に向けて、われわれは興奮し緊張した。興奮したのは、観察や会話から、看護師が多大なストレスやプレッシャーを抱えていることを知ったからである。われわれは、看護師たちと看護師たちの危機的な健康上の問題に、意味のある影響を与えたかった。緊張したのは、このような影響を与えるために、独自のゲームを開発しなくてはならなかったからである。POALはこれまで約10年間、さまざまな企業や非営利団体と仕事を行ってきた。しかしそれは、「短期（short-form）」の形態であった。

しかし今回は「長期（long-form）」の形態である。毎日の病院内の仕事において、持続可能な応用インプロのアプローチを探索し、それを統合しなければならない。時間をかけることでお互いを知り合い、さまざまな接点が生まれるだろう。長期のパフォーマンスと同じように、それは予測することはできない。新たな瞬間は、作り出したものから創発されるのである。これはリスクが高く、挑戦的なことであり、腫瘍科の看護師たちに明らかな変化を作り出し、われわれ（そして看護師たち）が行ってきたどんなことよりも深い探求かもしれない。

パート1　パフォーマンス・ワークショップ

われわれは2008年の9月から「レジリエンスのパフォーマンス・プログラム」を開始した。最初の「場面（シーン）」は強制的な半日プログラムで、一度に約20名の看護師が参加した。4ヵ月間にわたり異なる看護師のグループに対して、

パフォーマンスとインプロに集中するワークショップを15回実施した。それぞれのセッションは、まずクルム博士かカウパースウェイトが、ホプキンズ病院の「パフォーマンス・レジリエンス・イニシアチブ」の考え方の概観について説明をして、次にモウリーンかわたしが、その後の4時間のワークショップについての説明を行った。

　看護師たちにアプローチを紹介し、目的が2つあることを伝えた。それは看護師のレジリエンスを高めること、そして腫瘍科看護のための新しい「遊戯」を集合的に作り出す支援だった。それはつまり日常におけるレジリエントであり、支援的で、即興的なアンサンブルのパフォーマンスである。

　次にわれわれは参加者と一緒に、即興の表現を始めた。輪になって想像のエネルギーボールを投げ合ったり、ペアになってお互いの動きを真似し合ったりした。さまざまな歩き方（早いからゆっくり・普通・再びゆっくり）を探求したり、いろいろな話し方（でたらめ語を話す・間を挟んで話す・アイコンタクトを長くとる・沈黙を加える）を即興で行ったりした。インプロの原則である「イエス・アンド」や、インプロバイザーが舞台上で協働すること、フォーカスを意識することなど、結びつきを作るための原則を紹介した。

　「パフォーマンス・レジリエンス・プログラム」は「普通とは違った」ものになる――演劇とインプロヴィゼーションにもとづく、創造的で情動的な表出空間であり、お互いが心を開き、体験を打ち明ける機会である――と伝えていたが、当初、看護師たちはとまどっていた。いつも病院で行われるワークショップや研修は、方針や進行方法、要件の新設や変更についてなどが一般的だ。そのため看護師は、恥ずかしがり、疑い、神経質になり、混乱していた。しかし世界中で行われている応用インプロが証明しているように、ここでは批判されたり、試されたり、「教えられ」たりすることなく、本当に遊ぶのだと気がつき始めると、目に見えないが、明らかに看護師たちの負担は取り除かれていった。**成長し、新しいことを学び、レジリエンスの新しいツールを創造したいなら、遊ぶことが必要なのだ。**

さかさま自己紹介

　われわれ（そして参加者たち）のお気に入りのエクササイズのひとつは、「さかさま自己紹介（エクササイズ集1.1）」である。ペアになり、なぜどのように看護師になったかを含めて、お互いに自分について話す。次に自分のパートナーについて、グループの全員に紹介する。ただしこのとき、本人になりきって一人称で紹介するのだ。もちろんこの他己紹介は、本人が語ったストーリーとは違っ

てしまうこともあるかもしれないし、しばしば実際の本人のものではない考えやニュアンスが付け加わる場合もある。しかしこのエクササイズは、驚くほど参加者の心を動かす。他者が、「自分として」自分のストーリーを、自分（そして他者）にするのを聞くのは、他者が自分をどのように見ているか、自分の話をどのように聞いているか、そしてどのように自分から影響を受けているかを観察する機会となる。このエクササイズは、看護師たちに「自分が誰であり、誰でないか」を直接に経験させ、新しく即興的で集合的な方法によって、自分の看護に対する誇りや情熱を表現するドアを開いてくれる。そしてこのシンプルなエクササイズを通して、助け合いながら、オープンで協力的なアンサンブルが、すばやく形成できることを目の当たりにするのである。

1分間で自分の人生を表現する

　各ワークショップの中心は「1分間で自分の人生を表現する」というエクササイズである。一度に1人ずつ、事前の準備なしに、看護師をステージに招いて60秒で「自分の人生を表現」してもらう。テーマはどんなことでもよい。全人生の中から人生のエッセンスのみでもよいし、1つの代表的な瞬間でもよい。重要なことでも、ありふれたことでもよい。看護についてでも他のことでもよい。唯一明確に求められるのは、説明ではなく**パフォーマンス**でなければならないということである。さらに、われわれは観ている人たちに、観客としての振る舞い——支援的に集中して観て、熱心に喝采を送る——を指示した。

　看護師たちのパフォーマンスは非常に多彩であった。いくつかは、子どもの身支度をしながら、大急ぎで職場に出かけるといった日々のいち場面だった。いくつかは、若い看護師が静脈注射をするときに、患者の血管を探そうとあがく場面や、ベテランの看護師が小児患者の手を穏やかに持ち上げて、優しく薬を飲ませようと語りかける描写といった、病院としては挑戦的な場面を表現するものだった。他の表現は、もっと看護を離れたものだった。フィリピンから移住する前夜に、祖母に別れを告げたり、アルツハイマーの父親と、意思疎通を懸命に試みる息子を演じたりというパフォーマンスだった。ある看護師は、自分は表現者ではないし、表現することが苦手なので、絶対に表現はしないとはにかみながら主張し、詩を書いてきて（誰も知らなかった）、その詩を読み上げた。

　それぞれのパフォーマンスの後に、モウリーンとわたしは参加者のパフォーマンスがもっと良くなるように、続編としての演劇的な指示を与えた。この短い「続編」は参加者の表現に刺激されたアイデアで、しばしば他のPOALのインプロバイザーが共演者として参加した。それはシーンの葛藤を解決するのではなく、

わたしたちがさらに見たいと思ったことを拡張したり、強調したりするためだった。与えた指示は以下のようである。見ていた他の人たちがバックでロックの歌を歌って、シーンを再現してみて。あなたの母国語でもう一回やってみて。無声のモダン・ダンスのように演じてみて。今度はあなたの祖母を演じてみて。

パフォーマンスが終わるまでに、（われわれを含み）グループは多様な感情を体験していた。支援的な環境と構造を創り出し、看護師たちはこれまで決してやったことのないパフォーマンスをした。看護師たちは、パフォーマンスのアンサンブルとしても行動した。共に探求し、リスクを負い、お互いに正直な熱意と称賛を与え合った。

われわれはグループに、自分たちの体験を振り返るように促した。これはワークショップの重要な側面で、参加者がここまでに体験したことへの理解を広げ、深めるのを助けるためである。看護師たちは、長年一緒に働いてきたが、今日はお互いについて、今まで以上に多くのことを学んだと述べた。他ユニットの看護師たちと知り合えたことに感謝を述べ、部門を超えて、もっと仲間意識があった昔の日々について話す人もいた。

ある人は自分の感情を表して、いつもは大きなプレッシャーのなかで、一緒に働く同僚と隣り合っているが、ここではいつもと異なる形で関わることができる。それがどんなに良かったかを話した。例えば1人の看護師は、自分のユニットで治療を受けている父親と叔父についての1分間パフォーマンスを行った。そこで自分が看護師であり、娘であり、姪であろうと努めるストレスを描いた。続編では「看護師コーラス」を創り「いつも、ずっと。どうしたらあなたのためにいられるの？」と歌った。その後何人かの看護師は、自分がいつもあまりに強く、「力の柱」のようだと他者から見られていて、自分に葛藤があるなどとは思われていないと振り返った。

ある看護師は、職場と家庭の両方で常に「ヘルパー」であろうとする強いこだわりについて述べ、他者に助けを求めることができないことについて話した。そして、「看護師としてのアイデンティティ」は強い自己効用感をもたらすが、それは同時に、ストレスの源でもあると言った。他の看護師は、患者が亡くなった後に「ベッドをひっくり返す」必要があるとき、悲しむ時間を与えてもらえないこと、仕事中に悲嘆にくれることはとにかく無理だと率直に述べた。「もし落ち込んでしまったら、自分を取り戻すのが難しいでしょう。元気を出して、仕事を続ける方がいいんです。」

多くの看護師は、このセッションの親密さが良いと言ったが、強い不快感を示す看護師たちもいた。1分間のパフォーマンスで個人的・情動的な出来事を描い

たとき、何人かの看護師は、同僚と分かち合ったことは「やりすぎ」、もしくは職場環境ではふさわしくないと述べた。これらのディスカッションを通して、多くの看護師がいかに「強くあること」、「我慢すること」に高い価値をおいているか、そしてそうした選択が、身体的・情動的・精神的なレジリエンスを減少させるコストとなっていることがわかってきた。何人かの看護師は、部署を分けることや情動的に無関心でいることが、レジリエンスのための実際的な方略なのだと主張した。長年にわたる健康サポート活動によって、これは確かに一般的な見方であり、無視することはできない。われわれは、より多様な声を聞いた上で、今までとは異なる文化を創ろうとしているのだから、どんな意見も無視したくなかった。のちに、看護師が同僚の成長を観察する中で、このような態度に変化が見られるようになるが、この初期段階では、全員の声を聞きたいと思ったのだ。

ワークショップ後のフォローアップ

15回行った各セッションの終わりに、「レジリエンスのためのパフォーマンスの宿題」を出した。これは日常生活で即興をすること、表現をすること、遊戯的に振る舞うことを支援するエクササイズで、特別かつ新しいパフォーマンスを試してみるものだった。宿題には次のようなものがあった。

• 少なくとも週3回、とてもゆっくりホールを降りてみること。
• 何か問題が起こったとき、それを解決しようとせずに、それについての詩を書いてみること。
• 知らない同僚をお茶に誘ってみること。
• 同僚、愛する人、友達とトラブルが起こりそうになったら、「その場面をもう一度演じてみよう」と言って、異なるやり方で表現をしてみること。

クルム博士はワークショップに対する評価をするために、参加者に教示のされ方、行われた形式、内容の効力についての質問をした。その結果、参加者は95％の肯定的な得点を示した。われわれは、ワークでもっとも好きだったことと好きではなかったことに関する看護師のコメントに興味があった。驚いたことに、パフォーマンスをすること、情動を探求すること、自分の安全ゾーンから出ていくこと、ゲームをプレイするなど、同じ要素が「もっとも好き」と「もっとも好きではない」の両方で同数だったことだ。何人かは、これらのエクササイズを

「もっとも好き」と「もっとも好きでない」の両方にあげた。われわれは、この結果に微笑を禁じ得なかった。なぜならパフォーマンスをするために舞台に立つとき、人は誰でも、絶望的な不安感とウキウキした気持ちの両方を持つからだ！

パート2　パフォーマンス・コーチング・グループ

　パフォーマンス・コーチング・グループは、レジリエンスをより伸ばすための継続的な支援を行った。これは看護師たちが、自分の仕事や人生を振り返り、継続的な支援を受ける（そして与えることを学ぶ）「舞台」という空間を提供するようにデザインされた。参加は任意で、看護師は希望するだけ多くのセッションに参加することができた。6ヵ月の間、月1回2時間で、参加グループはさまざまな部署からの6～15人の看護師と、モウリーンとわたしだった。セッションの構成は緩やかにし、看護師のニーズに合わせて、即興的に振る舞えるようにした。おそらくもっとも重要なことは、参加グループをアンサンブルへと変容させていく状況を作り出すことである。
　典型的なコーチング・グループのセッションは、看護師たちが部署における仕事の緊張から、創造的な環境へと気持ちを切り替えるためのウォーミングアッ

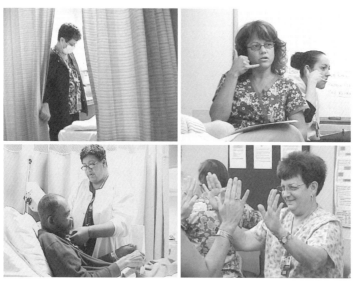

図1.1　レジリエンス・プログラムのパフォーマンスでの看護師たち

プ・ゲームから始まる（図1.1）。大きなインパクトのあるエクササイズは、《間違えた?!》（エクササイズ集1.2）である。このゲームは、お互いの「スーパーヒーロー」の名前を覚えて、よどみなく正確にパートナーの名前を言って、間違えたらお辞儀をして「間違えた！」と言い、盛大な拍手喝采を受けるものだ。

　この活動の振り返りの時間に、看護師たちは、自分や部署が失敗したときの様子について話した。ある者は、失敗を隠さずに話せる余地を作る努力をしていることに関して話した。また大きかろうが小さかろうが、失敗を認められない「恐怖の文化」について語った者もいた。命に関わる失敗だけではなく、同僚に意地悪な行為をしたり、患者に苛立ったり、何かを完璧にできないなどの些細なことに「自分（と同僚）を叱責」してしまったりすることはレジリエンスの低下だと述べた。

即興的で創発的な会話

　ウォーミングアップのゲームに続いて、話したいこと、支援が必要なこと、分かち合いたいことなどを尋ねた。トピックは完全に参加者に委ねた。われわれは、一緒に対話を創り上げたいと思っていること、必要性やきっかけに応じてエクササイズや即興のシーンを行うことを説明した。最初、ほとんどの看護師は、何の制限もないことに驚いた。参加者は一般的な講義のように、パフォーマンスを学習するのだと予想していたが、実際はとても緩い構造で、挑戦的であることに気づいたのだった。

　われわれは看護師に「あなたは何者か」「何者でないか」を尋ねた。**あなたは何者か**について、看護師たちは、高い技術と共感性のあるプロフェッショナルな医療提供者だと言った。（まだ）**何者でないか**については、何をしたらいいかわからず、誰かに助けを求めてもいいと思っている人物だった。コーチング・グループ・セッションの内容であるパフォーマンスと即興は、看護師たちのスキルを高めて、聞くこと、オープンでいること、関係を構築すること、信頼を創ること、助けを求め、与えて、受け入れることの技術を高め、そうすることを心地よく思うようにするだろう。これは参加者のレジリエンスを高める一環となるだろう。そしてこれは、ファシリテーターにとっても、即興的なトレーニングであった！　われわれは、自分たちが教えていることを精力的に実践しなければならなかった。看護師が言ったこと、やったことすべてに「イエス・アンド」をして、看護師たち（そしてわれわれ）の失敗を贈り物としてみなして、積極的に、しば

しば想定外で不快で、情動をかき乱される主題の「洞窟に入って」いった。

　コーチング・グループは、自由に（そして責任をもって）共に創っていくことができたので、参加した看護師たちは、さまざまな問題や支援したいと思う挑戦的な事項を持ち込み、モウリーンとわたしはコーチ兼即興／演劇指導者として働いた。われわれは、開始時のワークショップで課した「パフォーマンスの宿題」をしたときの経験を話すよう求めた。何人かは、新しいパフォーマンスに挑戦して、価値のある発見をした。ある者は「失敗」して、ある者は腰砕けになってしまった。結果がどうであれ、その発言はグループに差し出されたオファーである。われわれは看護師たちに、より親密に支援をし、お互いについてもっと学び、問題の解決を急がないようにして、同僚からどんなことを言われてもインプロバイザーのように「イエス・アンド」をして、探求を続けるように指示をした。われわれは、このグループをパフォーマンスのアンサンブルとして捉えて、看護師たちの会話を、創られつつある即興演劇として扱った。

　初期のグループセッションでは、外来病棟の看護師も入院病棟の看護師も、自分たちの1週間について話した。同じフロアーで仕事をしているのに、お互いの仕事について知らないことがすぐに明らかになった。そして孤立を感じ、腫瘍科看護という大きな全体を感じられていないことを嘆いた。そこでわたしは、指示すべきだと思ったことを提案した（参加者は最初、わたしを変わり者だと思ったが）。それは、それぞれがツアーガイドを演じて、お互いに自分の部署のユニットを紹介して回り、「リサーチ」しようという提案だ。

　わたしはそれぞれの看護師に、キャラクターと役割を割り振った。各ユニットの新人の看護師は、ツアーを引率し威厳をもって自信たっぷりに説明する役である。他の看護師には「フレンドリーな役柄」を与え、ツアーの途上でできるだけ多くの患者や同僚に挨拶をすることを目標とした。また「好奇心旺盛なキャプテン」という役柄の看護師には、グループに質問をして、グループがツアー中により学べるよう支援をすることを課した。ツアーで立ち寄ったなかでは、化学治療を受けるすべての外来患者たちの呼び出しに対応している30年勤務のベテラン看護師が、「中枢司令所」と呼んでいるクローゼットのような小さなオフィスを見せてくれた。参加者は、毎日どれだけ多くの患者が呼び出し音を鳴らすか、そのすべてに、たった1人の人間が対応しているということを知るすべもなかった。このベテラン看護師にとっては、自分の仕事を初めて同僚に認めてもらい、称賛を浴びる機会となった。ツアーが終わったとき、看護師から自然に拍手喝采が起こり、抱き合い、お互いの激務に感謝を伝え合った。

そして今は？

　2009年3月、公式プログラムが終わりに近づいた。このプロセスが看護師個人にもグループにも、レジリエンス・発達・成長に大きな影響を与えたことは明白だった。看護師の中心的なグループは、定期的なコーチングのセッションに参加して、自分たちがやりたい活動や新しいパフォーマンスに挑戦した。今ではパフォーマンスと即興の専門言語を使っていた —— イエス・アンド、オファーを受け入れる、そこから構築する、助けを求めるなど。そして部署をまたいで親密な関係を作っていた。看護師たちは仕事でも人生でも、もっと強くなり、力にあふれ、もっと幸せを感じるとわれわれに語った。

　しかし同時に、コーチング・グループへの参加率は比較的低かった。パフォーマンス・ワークショップの参加者の3分の1が、1回もしくは複数回のグループセッションに来て、全セッションに参加したのはわずか15%（約30名の中心的グループのみ）であった。

　われわれはクルム博士に会い、次のステップの可能性について話し合った。このプログラムをこのまま続けるべきか？　もし続けるなら、低い参加率に何ができるだろうか？　われわれは、参加を義務化したり、参加にプレッシャーを与えることはしたくなかった。これ以上のプレッシャーなんて、看護師たちにもっともいらないものだ！　プログラムの即興的な性質を保ちながら、看護師からのオファーの上に創り上げていきたいのなら、看護師たちにやりたいことを聞く必要がある。われわれは、クルム博士と中心的グループの看護師たちを招いて、レジリエンス・プログラムについて話を聞くミーティングを行った。看護師たちは続けたいのだろうか？　参加率の低さについて、どう考えているのだろうか？　何かやりたいことがあるだろうか。それともこの時点で終わりにして、看護師たちが発展させてきた有機的な関係性を大事にして、看護師たち自身が支援を続けるべきだろうか？　以下はその返答のいくつかである。

- 「看護師たちは、常に問題解決を迫られる状況の中で、支援モードでいます。だから立ち止まり、起こっていることを理解し、感じたりして、「全部を一緒くたに抱えこまざるをえない」のではなく、多様な感情を分かち合うための場所が必要です。パフォーマンスのようなことをするのは、とても挑戦的ですし、助けになります。」

- 「わたしは、自分の小さなものごとではなく、ユニットのパフォーマンスをもっと自覚するようになりました。同僚に対する話し方も意識するようになりました。他者の視点からものごとを見るように心がけています。緊張した状況でも、急がずに反応しています。」
- 「それぞれのユニットに異なる文化があり、他部署の対処方法を知るのは助けになります。何よりも、他のユニットも困難を抱えているのだと知ることはとても良いことです。腫瘍科看護全体の連帯感やつながりを作る助けになりました。」
- 「パフォーマンス・コーチングのグループは、わたしにとって、とても重要なものです。もしこのサポートが無かったら、初年度を勤め上げることはできなかったかもしれません。」

クルム博士の当初の目的は、ストレスの軽減・情動的支援・コミュニティの強化・より良いチームワーク形成だった。われわれはこのゴールが達成されたと聞き、感動し、嬉しかった。看護師たちは、このプログラムはコーチング・グループワークを超えて、すべての部署にわたって、腫瘍科の看護師である意味について、開放的で受容できるレベルについて、必要だった情動的支援の種類についての会話が促進されたと語った。

また看護師たちは、コーチング・グループの参加率の低さの理由も語ってくれた。多くの看護師にとって、とにかく仕事を離れるのが難しく、支援してくれないマネージャーがいると率直に語った。「もっと情動的な支援が必要でも、ユニットやマネージャーに批判されていると感じて、とても難しいんです」と話した。またプログラムは「奇妙すぎ」て、「感じやすくて感情的なタイプ向き」だと感じた人もいると話した。ある看護師は哲学的に「わたしたち看護師は、交差点にいるようなものです」と言った。「看護師であるとはどういう意味なのでしょう？ わたしたちの創造性や感情で、何ができるんでしょうか？」

即興的な草の根民主主義

ミーティングの最後に、中心的なグループに質問をした。何をしたい？ われわれはどう支援できるだろうか？ もっと同僚が参加して、マネージャーからより多くの支援が得られるようにプログラムを継続してほしい。そうするための方法を教えてほしいと看護師たちは述べた。すべての看護師が一緒に話し合うため

に、大きな問いを投げかけたいと述べた。ある看護師が語った「自己のすべてを看護にかける」ことによって、お互いに支援することで、レジリエンスを高める文化を共に創ることができるのだろうか？ そしてさらにコミュニティを成長させ、発展させるという方法に異論をもつ人たちに対応することはできるのだろうか？

この看護師の中心グループは、自分たちを「レジリエンス・リーダーシップ・グループ（RLG）」と呼び、同僚たちとプログラム体験を分かち合い、レジリエンス・プログラムがもたらした展開と不一致の双方を探求するミーティングを運営することにして、同僚たちをコーチング・グループに招いた。そして、プログラムが有用であったと感じた看護師、そうでなかった看護師、理解できなかった看護師、どちらとも言えないと思った看護師たちにインタビューを行い、ビデオ作成に協力した。[2]

われわれはRLGと一緒に、ミーティングの準備をした。いよいよ本番がやってきて、RLGの4名の看護師は最初のミーティングを主催した。そして同僚たちを迎え入れた。何人かは最初のパフォーマンス・ワークショップに参加しただけで、他の者も1回か2回ほどコーチング・グループに参加しただけであった。プログラムにまったく参加したことのない人も何人かいた。RLGのファシリテーターは、プログラムがどんなにレジリエンスを大きく高める助けになったかについて個人的なストーリーを語り、先述のビデオを見せた。次にディスカッションを始め、今見たことに関しての感想を話し、どんなことでもいいのでプログラムで体験したことを分かち合ってほしいと頼んだ。

ある看護師がこう言った。「インプロのゲームと活動はとても難しかった。わたしはシャイなんです。でも今日ここに来たのは、RLGの人たちがちょっと変化していたからです。彼女はもっと率直に話せるようになり、挑戦するようになり、自信を身につけて、もっと幸せに見えました。わたしもそんなふうに成長したいと思ったのです。」

マネージャーの看護師が言った。「えっとね、わたしは最初のワークショップに参加したいと思わなかったし、今だってここにいたいわけではありません。わたしはこれ以上、レジリエンスが必要だって言われたくないの。わたしはとっても良い仕事をしていると思うし、わたしのユニットもそうです」。

他の看護師たちは、パフォーマンス・ワークショップがどんなに楽しかったかを話して、覚えているエクササイズやパフォーマンスを思い出して笑った。そしてどうしてコーチング・グループに参加しなかったのかよくわからないと言った。おそらく仕事を抜けるのが難しかったからか、優先順位として高くなかったから

だと話した。

　RLGは20回のミーティングを開催し、最後のミーティングが終わった後は、みな興奮していた。以前はコーチング・グループに参加しなかった多くの看護師が、今ではプログラムがどんなものか、どれだけ有効になりうるかを明確に理解していた。われわれはこのことをクルム博士に報告して、このプログラムはさらに数ヵ月継続されることになった。

　RLGは、パフォーマンス・コーチング・グループの参加者を増やすことに責任をもち、セッションへの参加に興味を示した看護師を個人的に誘った。ミーティングから4ヵ月で、9回のコーチング・グループのセッションが開催され、75名の看護師が参加した（初回は35人）。RLGは興奮して、他の看護師の支援ができるようになった自分たちの成長や、今までやったことのない方法で、リスクを負ってパフォーマンスをしたことに誇らしさを感じた。継続した看護師も初めて参加した看護師も、自分たちの挑戦について話す機会が与えられたことに感謝をした。もっとも重要なことは、RLGのメンバーが現在、はっきりとリーダーの役割を担い、自己成長をモデル化して、同僚を支援し、助言を与えて、他者を助ける新しい方法によって、看護師たちの成長を支援したことである。

まとめ

　2010年の秋に、ホプキンズ病院の腫瘍科の看護師との仕事は終了した。このプログラムの言わば締めくくりとして、RLGはニューヨークで2年ごとに開催されるパフォーマンスの活動家たちによる国際カンファレンス「パフォーミング・ワールド」でプレゼンテーションを行った。125人以上が参加したセッションは、表現と即興の新しい方法を通して、成長と発達を分かち合うようにデザインされた半即興的なパフォーマンスとして発表された。われわれはオープニングの瞬間を忘れることができない。何もない舞台に、15人の看護師が集まり、いろいろなポーズをとって静止している。そしてひそかな合図で動きだす。最初は動き回り、パートナーをまったく見ずに、勝手に動いている。それからゆっくりと、お互いに見つめ合い始め、うなずき、笑顔になる。ボールや人形、聴診器やチャートを交換しだし、ときおり抱き合い、触れ合う。それは平凡であり非凡だった。一種の前衛的なダンスであり、美しかった（図1.2）。

　最終的に、ホプキンズ病院におけるわれわれが与えた影響は、控えめなものだったが、重要なものだったと信じている。応用インプロとパフォーマンス心

図1.2　レジリエンス・リーダーシップ・グループの看護師たちによるパフォーマンス

理学「ビカミングの原理[訳注]」を合わせたこのプログラムは、250名もの看護師のパフォーマンス・変化・遊戯・成長する能力を引き出すのに役立った。このプログラムは、今まで話を聞いてもらえず、組織されることのなかった看護師たちの声を表に出したのである。リーダーシップ・グループと同僚から誘われて再び参加した75名の看護師たちは、決まりや制約された役割から抜け出し、親密的で発達的な支援とレジリエンスのコミュニティを創り上げることによって、**まだ自分ではなかった自分**を表現した。

　プログラムの当初の目的の多くは達成された。今では、チームワーク・同僚性・スタッフのコミュニティがあり、看護師たちは自分のユニット内でも部署間でも、関係性を育み深めている。コミュニケーションと支援のスキルを改善し、患者の死による情動的な影響をうまくコントロールする共通言語を創っていった。それは困難な患者の状況にうまく対応したことへの、一貫した承認と感謝である。

　何年か経っているが、わたしはいまだに、この経験に驚嘆を覚える。腫瘍科の看護師たちは、日常の行為を変えられることを見つけた。これは患者をケアすることと同じように、互いをケアし合う方法に関する、創造的で即興的なアートとサイエンスの結集なのである。

2

コネクト・インプロ・カリキュラム
── 自閉症スペクトラムの若者と教育者の支援 ──

レイシー・アラナ＆ジム・アンサルド

レイシー・アラナとジム・アンサルドは、自閉症スペクトラムの若者と教育者の支援のために、長年にわたり応用インプロを活用している。レイシーは、自閉症の若者を対象とした週1回のインプロの連続講座「つながりをつくる」を、テキサスのオースティンで行っている。レイシーとジムは、インディアナ大学が提供するサマーキャンプ「キャンプ・イエス・アンド」を共同で開催している。コネクト・インプロ・カリキュラム（CIC）は双方のプログラムの礎であり、自閉症スペクトラムの若者と教育者にとって、有効なものであるというエビデンスも示されている。

インプロ連続講座「つながりをつくる」

講座「つながりをつくる」が始まる以前、レイシーは宿泊型の治療施設で働いていた。所属は思春期の男子を対象に、神経行動学的な問題に対応する部署であった。他施設で疲れ果ててここにやってきた患者たちにとって、ここでの介入は最後の楽園と呼べるほど、制約の少ないものだった。患者たちの症状は、メンタルヘルスや発達、社会性の問題が幾重にも重なり、複雑だった。その多くは問題児として扱われ、反抗的・攻撃的であるとされ、他者とのつながりをつくれないとみなされていた。さらに自分自身のことを頭がおかしいとみなし、どうせうまくいかないと自己を卑下して、しばしば治療にも抵抗した。約1年後にレイシーは、伝統的な集団療法や家族療法のセッションに、インプロのエクササイズを試験的に取り入れてみることにした。すると、これまで治療を拒否していた参加者が、参加の意思を示し、改善に向けた一歩を踏み出すようになった。このこ

とから彼女は、インプロのエクササイズを使った方法が有益であることに気がついた。

　例えば、17歳の若者ジョシュア[1]を例にあげよう。彼は思春期に入る頃から精神科病院に通院しており、自閉症の診断に加えて、気分障害と学習障害を合併していた。自宅での行動は「制御不能」そのものだった。他者とのコミュニケーションは難しく、攻撃的になることもあった。治療には強い抵抗を示すときもあれば、ひどく落ち込むときもあり、状態は安定しなかった。個人療法・家族療法・集団療法のいずれにもほとんど参加しなかった。たまに参加すると、反抗的・防衛的な態度を示していた。集団療法中に初めてインプロに出会ったときは、もちろん参加しなかった。しかし何週間もかけて、ゆっくりと参加の度合いを高めていった。はじめは、エクササイズをする他の参加者の近くに立っているだけだった。しかし次第に、仲間の輪に入るようになった。それからジェスチャー（言葉を発さず、動きだけ）で参加するようになり、ぼんやりと、最後はしっかりと、声を出し、身体も動かしながら参加するようになった。インプロは彼の心を閉ざすものではなかった。彼は仲間と共に笑い始めた。セラピー中に、家族にインプロのエクササイズを教えたがったりした。彼の両親からは、ここ数年間に比べて、彼がより自己表現をするようになり、より人と関わったり、つながろうとしたりしていると報告された。

　このような例はジョシュアだけではない。レイシーは、自閉症の若者を対象としたカリキュラムにインプロを使い続けた。その中で、参加者のコミュニケーションや相互交流のスキル、柔軟性・自発性、感覚情報を統合する能力が、劇的に改善されていることに気がついた。彼女は自閉症に対して、有益な介入となりうる方法を見つけたことにワクワクした。インプロは欠点を正すよりも、むしろ自閉症者がすでにもっている長所を伸ばす助けになる。この成功を機に、レイシーとインプロバイザーのグループは、自閉症の若者のためのインプロ・クラスをつくる可能性を話し合った。そして2013年に、講座「つながりをつくる」が、オースティンのハイドアウトシアターによって設立された。

　当初は2つのクラスが並行して行われた。期間はそれぞれ6週間で、ひとつは10歳から13歳、もうひとつは14歳から18歳が対象である。レイシーはクラス構成、エクササイズ、介入モデルをデザインした。全体を通して、安心安全な場を作り、若者たちが楽しみ、自己を表現し、コミュニケーションや社会的スキル向上を目的に据えた（図2.1）。講座「つながりをつくる」は、開始からすぐに成功を収め、年間を通して行われるようになった。レイシーはそれに伴い、CICを発展させていった。このカリキュラムにより、応用インプロの実践者は、自閉症

図2.1　講座「つながりをつくる」の参加者たち

を理解するために必要な枠組み、学習におけるインプロの有効性を示すエビデンス、13週にまたがるインプロ・クラスの進行方法を学ぶことができる。2014年に、講座「つながりをつくる」の外でCICを使用する機会があった。それはレイシーとジムが出会い、2人が「キャンプ・イエス・アンド」を始めたときである。

インプロでの支援活動「キャンプ・イエス・アンド」

　ジムは1980年代からインプロバイザーとしてステージに立ち、2000年から教育者の専門的学習の指導を行っていた。2014年にニューヨークで行われた応用インプロ・ネットワークの国際カンファレンスでレイシーと知り合い、10代の自閉症者のためのサマーキャンプを開催することになった。先行研究では、多くの教師が自閉症の生徒の支援に自信を無くしていることが示されており、実践・フィードバック・コーチングを受けられる研修は、教育者が新しいスキルを得るための助けとなる。「キャンプ・イエス・アンド」は、教育者がインプロのスキルを学び、それらを自閉症の文脈に応用し、自閉症の若者と活動することを通して、教育者を意識的に支援するようデザインされている。
　「キャンプ・イエス・アンド」は、10代の自閉症の若者と、通常学級や特別指導の教員、言語障害の臨床医、ソーシャルワーカー、芸術の教員などを含む教育者を対象に、5日間のキャンプとして構成されている。キャンプの朝の時間は、

レイシーとジムがそれぞれ要望に応じて、教育者とインプロを練習したり、学術的な話題や自閉症の若者の社会的サポートについてのディスカッションを行ったりした。午後は、グループ全体で10代の参加者のためにインプロを指導した。キャンプ中の一日につき、おおよそ2つのCICモデルが扱われた。

自閉症を理解するための枠組み

CICでも本書でも、自閉症を示すのに「自閉症」や「スペクトラム」の他、多様な用語が用いられている。CICが自閉症を理解するにあたって使う用語は「脳の多様性」という言葉である。脳の多様性という概念は、非定型発達と定型発達の差異を「違い」としてみなしている。レイシーとジムも自閉症は障害ではなく、感覚や表現のしかたの違いであると捉えている。講座「つながりをつくる」や「キャンプ・イエス・アンド」におけるインプロの目的は、自閉症の人々の行動を正したり、治療をしたりすることではなく、自閉症の人々とつながることである。セッションを通して、すべての参加者（大人・子ども・定型発達者・非定型発達者）の独自の長所と短所を見出していく。経験豊富な教育者は、参加者がこれまで身につけた知識やスキルを査定し、長所を伸ばして、成功することを支援する。その中で参加者は、学習の継続やスキルの向上を楽しむことができる。自閉症のコミュニティで語られている言葉がある。「あなたが自閉症者と出会ったとき、あなたは、まさにその人と出会っているのだ。自閉症であるその人と」。この言葉は、たとえ診断名は同じであっても、それぞれが唯一無二であることを示している。自閉症の人々を自閉症だからといって、自閉症の説明に記述されている一連の性格と同じ性質をもった人々とひとくくりにみなすことはできないのである。しかし、自閉症の人々が抱える課題には、共通した部分があることは確かである。それは大まかに言えば、自閉症の人々はコミュニケーションや社会的相互交流のスキル、柔軟性や自発性、感覚情報の統合に課題があるということだ。以下、これら3つの課題について述べる。

教育と学びの鍵となるインプロ

CICは、以下の理論でデザインされている。インプロは安全な場を創り出す。そこにはサポートがあり、本来の自分でいることが許される。安全な空間だから

こそ、参加者は課題を克服するために必要なスキルを伸ばすことができる。先行研究では、自閉症スペクトラムの若者のコミュニケーション・スキルや社会的スキルは、劇や演劇ワークを用いることで向上させることができると示されている（Caplan 2006; D'Amico et al. 2015; Kempe and Tissot 2012; Schuler 2003）。加えて、自閉症当事者がインプロは不安を低減して自発性を増加させる価値ある表現手段であると推奨したという研究もある（Caplan 2006）。

　CICにおいてインプロを教えるときに重要なことは、お互いを助け合うサポーティブな環境づくりである。それは自己表現を促し、他者とつながりを作りながら、自尊心を高めるものである。インプロは基本的に他者と即興で協働することを重視しているため、CICのエクササイズやゲームにおいて、自閉症の参加者は他者との関わり方をいろいろ試すことができるし、集団に過度に適応しようとする必要もない。むしろ、うまくインプロすることに集中することで、「日常生活の中」でも起きる誤りや問題となる行動に、恐れることなく向き合うことができるのである。加えてインプロは、教育者にとっても、自閉症の人たちと、彼ら／彼女らの世界の中で出会い、つながり、成長を支援できる素晴らしい枠組みとなる。それどころか、インプロが自閉症者に実になる経験を提供できるか、もしくは失敗するか、その鍵は教育者が握っているのである。

最適な学習環境づくりとは

　最適な学習環境は、学習者に適切な課題と継続的な成功体験の両方を提供するときに生まれる（D'Amico et al. 2015）。言い換えれば、良い影響を与える教育者は「簡単すぎず、難しすぎず、ちょうどよい」課題を与える「ゴルディロックスの原理」を使う。これに従って教育者は、通常徐々に課題を難しくしていく。そのため、どんなに心から学びたいことだとしても、課題には失敗のリスクがある。参加者が学習に没頭し、モチベーションを保って学ぶ上で教育者によるリスク管理が必須となる。

　《ウーッシ・バン・パウ》（エクササイズ集2.1）のようなインプロのエクササイズでは、自分の枠を広げる体験ができる。このエクササイズにおいて、失敗は参加者がエクササイズを正しく行っているサインとなる。このエクササイズと《失敗したらお辞儀》（エクササイズ集2.1）の組み合わせにより、グループに安全感を生み出し、リスクを負うこと、失敗を恐れないこと、失敗をチャンスと捉えることを体験することができる。これらのエクササイズを早い段階で紹介すること

図2.2 「キャンプ・イエス・アンド」の参加者たち

は、学習者（もちろん教育者も！）に、ストレスと不安を低減させる武器を与えることになる。講座「つながりをつくる」や「キャンプ・イエス・アンド」において、エクササイズを台無しにすることから休憩時間にポップコーンをまき散らすことまで、あらゆる失敗をしたときに、それを認めてお辞儀する光景は珍しくない。これらのテクニックは、「正しく行わなくてはならない」ことに極度に不安を抱える自閉症の参加者を支援する上で非常に重要である。実際にコミュニケーションや相互交流における問題は、失敗や葛藤を必死に避けようとすることと深い関連があるのである。

コミュニケーションと社会的スキルの強化

　自閉症の人々は、社会や文化の中で、コミュニケーションや相互交流の暗黙のルールを解釈したり、反応したりすることに困難さを示すことがある。例えば「キャンプ・イエス・アンド」に参加していた10代のロイは、自分の話し声のボリュームを調整すること、他者が不快に感じるほど近くに立ってしまうこと、自分が興味のある話をしているときに他者が乗ってきているかどうかに気づくことが難しかった。キャンプに参加していた大人はCICのガイドラインや戦略に従って、ロイの関わろうとする姿勢、熱意、大胆なコミュニケーション（これら

はみな、インプロでは強みである）は価値のあるものだと考えて、それを称賛した。同時にロイのこうした特質が、他者とステージ上で協働するのを妨げるときには、サイドコーチし、指示を与えた。そしてインプロ以外でも、彼の特質と他者と十分コミュニケーションをとったり、つながったりすることとが折り合えるようサポートした。

　前述のように、社会に適したコミュニケーションに焦点を当てるのではなく、「良いインプロをしよう」とすることに集中した方が、ステージ上だけでなく、それ以外の行動においても、良い影響があった。CICは、インプロのゲームとエクササイズを通して、参加者が社会に求められている行動様式を理解したり、反応したりするための実践の機会を多く提供できる。ロイのケースでは、他の参加者からの「オファー」に焦点を当てたエクササイズが特に役に立った。《サイクル・オブ・ディープ・イエス・アンド》（エクササイズ集2.2）のエクササイズは、彼が、他者のアイデアを受け入れたり、サポートしたりすること ―― 他者への感謝を示しながら ―― によって、結果的にエクササイズがより楽しく、しっかりとしたものになることを理解するのに役立った。またこのサイクルは、適応的なコミュニケーションや相互交流を日常で行うための、具体的な道標となった。追加のエクササイズでは、さまざまな文脈において相互交流を始める実践や、話題をコロコロと変えないための方法、その意義についての枠組みを提供した。それらはロイにとって特に役立った。このキャンプの最後のステージでの発表の後、彼の両親は「この経験によって、彼は自分の会話をコントロールし、他者に話をさせることを学んだと断言できます」と述べた。

柔軟性と自発性の向上

　自閉症の人々の「ひとつの話題に固執する」というコミュニケーションの傾向は、いつも同じ興味にとどまること、決まったやり方に依存すること、不慣れな場面に対応する際に生じる葛藤と関連がある。インプロは、参加者の興味にイエス・アンドをして、柔軟性と自発性を称賛する機会を創り出すことができる。「キャンプ・イエス・アンド」に参加していた10代のリンダは、とても控えめで、グループへの参加がなかなかできずにいた。当初、彼女は励まされても、参加するよりも見ていることを選んだ。インストラクターはキャンプの申込書から、彼女が動物のカバに興味をもっていることを知っていた。そこでインストラクターたちは、動物園のカバの水槽のそばのシーンを用意した。リンダは、そのシーン

に一番先に入っていった。インストラクターたちは、彼女がグループに参加できるよう、彼女の興味に「イエス」したのだ。

そして「アンド」は、インストラクターたちが新しいアイデアや話題を混ぜ込もうとする瞬間に起きた。例えば《ニュー・チョイス》（エクササイズ集2.3）では、言語や身体的なオファーをさまざまなやり方で表現し直すことが求められる。参加者は、興味のある新しいアイデアを組み合わせるよう促され、最終的により即興的で面白い結果が表れる。「ニュー・チョイス」というフレーズもまた、キャンプを通じて有効な規則になる。何か問題行動が起きたとき、インストラクターが方向性を改める必要があることを伝えるため、「ニュー・チョイス」と言う。「キャンプ・イエス・アンド」の参加者ミゲルは、以前の酒や薬物中毒の習慣を演じた。レイシーは何回かのこのシーンの後に「ニュー・チョイス！　あなたがそのキャラクターを演じることができるのは、みんな知ってるわ。もっとたくさんのキャラクターを演じられるってことも。さあ、他のキャラクターも見せて」と伝えた。

力を注ぐべきことは、個人を批評することではなく、良いインプロをすることである。多くの自閉症者は「いろいろなものに興味をもつように」と催促されることが多い。しかしそうした方向転換の要請のほとんどは、特定の話題を繰り返す自閉症者の話に聞き飽きて、イライラして発したメッセージであることが多い。インプロでは他者との協働や観客のアイデアを劇中で効果的に使うために、さまざまなものに興味をもつことが要求される。そのことを学ぶために、ニュー・チョイスほど適したものはない。「ニュー・チョイス」という言葉は、次第に生徒の間で、自分で方向を変えるためのきっかけとなっていった。インストラクターは、インプロ中やゲームが終わってからの私的な会話で、必要に応じてより具体的な修正や説明を行う。どちらのケースも《ニュー・チョイス》のエクササイズをプレイしながら関わることによって、行動の方向を変えるときのストレスを取り去ることができるだろう。

感覚の情報を統合するために

同じ自閉症者であっても、感覚情報処理に関する課題は各々異なっている。明るい光や大きな音など、刺激に対して敏感な人がいる一方で、感覚が敏感ではなく、やたら大声で話す人もいる。ハミングをしたり腕をぶらぶらさせたりするといった感覚を求める行動は、ストレスの高い環境においてより多く見られる。

また自分の身体に敏感ではない人は、他者のパーソナル・スペースを侵害するかもしれない。前述のロイがそうである。「オファー」に焦点を当てるエクササイズは、社会的相互交流における暗黙のルールを明るみに出すのに役立つ。ヴァイオラ・スポーリン（Spolin 1963）の《ミラー》のエクササイズや伝統的な《誰が最初に動いた》のエクササイズは、ロイの身体への気づきを促した。

「つながりをつくる」と「キャンプ・イエス・アンド」における、もうひとつの有益な方略は、いかなるときでも「誰にフォーカスがあるか」を明らかにすることである。誰かが話しているとき、またエクササイズ中にステージに立っているとき、大人の教育者は、誰にフォーカスがあるかを参加者に思い出させる。「今、ジョーにフォーカスがあります。彼はみんなに聞くよう求めていて、みんなが彼を見ているからです。さあ、彼がどんなオファーをするか、注目しましょう」。この方略によって、生徒に関係のない刺激を捉えて、それを除外するようサポートすることができる。

刺激過敏な参加者をサポートするために、教室の照明は多少暗くなっている。ここはいつも寛げる静かな空間である。生徒はエクササイズから離れて休憩したり、離れたところから活動を見たりする。たとえ離れていても、ステージで行われているエクササイズへのアドバイスを求めたりして、再び参加することもしばしばある。

まとめと今後の方向性

CICは自閉症スペクトラムの若者にとって、コミュニケーションや相互交流のスキルを高め、柔軟性や自発性を向上させて、感覚情報を統合することをサポートする価値あるツールである。また教育者は、教育場面で活用できる、10代の若者が重要なスキルを向上させるための実践的で応用範囲の広い道具を得ることができる。

青年期は、特に重要な介入の時期であるが、このカリキュラムは、どの年代に対しても適切な教育の基盤を提供している。「つながりをつくる」の対象は、複数の年代グループ（9〜13歳、13〜18歳、18歳以上）に拡大した。同様に「キャンプ・イエス・アンド」も、対象年齢を拡大させている。加えてCICの成果を測るための道具も開発されている。そして、CICの実施した、「キャンプ・イエス・アンド」をモデルとしてやってみることに興味のある人たちを支援するため、トレーナーを育成するためのモデルも作られつつある。

このワークの力は、参加者の声にもっともよく示されている。10代の自閉症の若者にとって、インプロは大いに力を与えるものである。「このキャンプはわたしにとって、まるで卵の殻を破るように、自分を開くものでした。殻が砕けて、真の自分自身が表れたんです。」教育者はこう感じている。「教育者としてわたしは変わりました。提供すべきものだけでなく、自分自身の内的な感覚さえも広がったからです。… 自分の遊び心を再発見した気分です。そしてそれは、わたしが失っていたものだと気がつきました。」レイシーとジムにとって、これは喜びであり、特権であり、使命である。

3

自発的な村を作る
── 遊びから生まれる共同体 ──

ブラッド・フォーティア

　現在、地球上には6000万人を超える難民がいる。国が分裂し、放浪を迫られて、難民キャンプや施設で数週間、知らない人間どうしが生活を共にすることになると、親しさや信頼の欠如が、精神的にも身体的にも、人々の健康に深刻な影響を及ぼす。未来の見えない不確定さや無名の人物として扱われる難民としての生活は、限られた物資しかない状況の中で、競争的な雰囲気を作り出す。これによって引き起こされる絶望や無力感は、安全な共同体としての意識の生成には毒素となりうるだろう。

　わたしは、2012年にサンフランシスコで開催された「応用インプロ・ネットワーク」のカンファレンスで、ティシュキェヴィチ博士（4章参照）に出会った。われわれはすぐに友人になり、共同作業をすることになった。当時の彼女は、連邦緊急事態管理機関のプロジェクトから派生された非政府組織「フィールド・イノベーション・チーム（FIT）」の一員だった。FITは、テキサス州サンアントニオでもっとも優れた活動を行っているインターナショナル・スクール「聖ピーター・聖ジョセフの子どもの家（St.PJ）」からの依頼で、多面的な教育とレクリエーションをデザインし試行していた。[1] FITは芸術にもとづく教育によって、危機的な状況の解決方法を模索しており、その中に、絵画・科学・デザイン・演劇を含める計画があった。わたしは、教育学・インプロ・人類学の専門なので、FITの演劇教育に見合う応用インプロを用いたカリキュラムを作成し、St.PJに保護されている子どもたちのための授業案を提示した。ティシュキェヴィチ博士は、この案でやってみようと言った。

　わたしが提案したのは、シアター・ゲームのカリキュラムで構成された多相的な方法で、人類学の主要文献で明らかにされている難民の4つの重要なニーズ「親しみ」「信頼」「ルーチン」「コミュニティ」を迅速に満たすことを第一とす

る内容だった（Peteet 1995; Voutira and Harrel-Bond 1995; Sommers 2001; Lubkemann 2002）。このように関心事項を明確にしておくことで、どのような活動やゲームが効果的か、どのような順序で展開していくとよいかを決めやすくなった。これらのニーズはひとつながりで現れる傾向がある。そして1つのニーズが満たされないと、次のニーズへと進むことはできない。

　わたしは40分授業をシンプルで柔軟性を持たせた構成にして、参加者の年齢層と共に、セッションに継続して参加しているか、初めてかも考慮してゲームを選んだ。以下は、授業プランの基本構成である。

1. 名前ゲームから始める。
2. ソシオメトリックな情報（主に個人の好みや類似点）を共有できるゲームに移る。
3. 参加者にとって鍵となるスキルを練習するための活発で楽しいゲームを行う。
4. 直前に行ったゲームの要素を取り入れたより複雑なゲームで締めくくる。

　このような授業構成にしたのは、難民が抱える次のような課題を想定したからである。（1）参加者のほとんどが見知らぬ人どうしであり、施設の集団の入れ替わりが激しい。難民は常に出ていっては入ってくる。よって名前ゲームを定期的に行うことは楽しく、新しいゲームを学ぶ際のぎこちなさを取り除くこともできる。（2）参加者の好みを知ることが、共通意識や親しい関係（「わたしとあなた」ではなく「われわれ」の関係）を構築することにつながる。これは緊張関係や思い込みを回避すると共に、理想的には、同じ興味関心をもつ者どうしの結びつきを生む可能性もある。また（1）と（2）によって、グループの共同作業が成功するかどうかを見極めることもできる。（3）遊びや笑いは、脳の扁桃体周囲での認知（闘争か逃走か）を新皮質での認知へと切り替え、高度な社会的機能を遂行させる。また遊びの中に見つけたユーモアを共有することで、参加者が自分たちの置かれた社会的状況ごとに分裂してしまうのを最小限に抑える。人々を創造的で問題解決中心の思考にするには、これらは必要不可欠な要素だといえる。

　2014年10月8日、絵画・科学・デザイン・演劇のプログラムを試行するために、FITメンバーたちとサンアントニオに到着した。わたしには2つの目標があった。1つ目は、上述した課題に取り組むためのカリキュラムがどのくらい機能するか確認することであり、2つ目は、St.PJのスタッフが自分たちでプログラムを遂行できるようにすることである。13日間のサンアントニオ滞在中、われ

われは主にSt.PJのレクリエーション・スタッフと協力して作業し、ときおり施設の教員たちとも関わりをもった。

　われわれは到着前に、子どもたちが全4種類のプログラムにローテーションで参加することや、性別や年齢ごとにグループ分けされていることを知らされていた。わたしは22年の講師経験から、以下のような子どもたちの反応を予想していた。

- 学校や企業での活動経験から、非自己選択型参加者（インプロのプログラムを自ら選んで参加した者ではなく強制的に参加させられた者）の中で、興味があって参加したい者は5対5から7対3の割合になる。後者の7割の方が「興味があって参加したい」という人々である。
- 女子は、支持的で協力的で周囲に適応する傾向がある。
- 男子は、大胆になり自立することで周囲に適応する傾向がある。
- 5歳から12歳の女子はシャイだが、最初のエクササイズがうまくいくとすぐに準備が整った状態になる（6割は積極的に参加、4割はあまり参加したがらない）。
- 5歳から12歳の男子は出しゃばりで、ゲームの要素から脱線することがあるため説明に時間がかかる（7〜8割は積極的に参加し、2〜3割はあまり参加したがらないかまったく参加しない）。
- 13歳から17歳の女子は用心深く、グループのリーダー格の子たちの反応によって楽しむ気持ちを抑制する（6割が積極的に参加し、4割があまり参加したがらないかまったく参加しない）。
- 13歳から17歳の男子は興味を示しながらも懐疑的である。それは「男は演劇のようなバカっぽく見えることはしない」ためであり、リーダー格の子たちを見ながら態度を決めるところがある。（5割は積極的に参加し、5割はあまり参加したがらないかまったく参加しない）。

子どもたち

　2週間のコース期間中に、40分セッションで12回、各回16名の子どもたちとさまざまな授業プランを実施した。インプロ・ゲームに加えて、お互いのやりとりを「調整する」ためのコーチング（アイコンタクトをする、聞く、助け合う、パートナーを素敵に見せる）も行った。サイドコーチングはインプロの重要な要

素であり、協力的で支持的な態度に変えるよう促すことで、個がもつ社会的抑制を減らす役割がある。また周囲の環境に注意を向けさせると共に、ファシリテーターがプレーヤーを支援しながら一緒に問題解決する姿を見せることで、不安を軽減する意図もある[2]。保護施設にいる子どもの90%はスペイン語が共通言語であるため、英語の説明やサイドコーチングはレクリエーションスタッフに訳してもらう必要があった。そのためコーチングや説明は、簡潔で最低限にしなければならなかった[3]。

　各グループの特性とその割合は、概ね想定したとおりだった。しかし、それは必ずしも良いことではなかった。ミス・ジュエルと呼ばれているレクリエーションの責任者は、エクササイズに参加したがらない子どもたちや緊張している子どもたちをしばらく見学させておく、わたしのやり方を好ましく思わなかった。わたしが非自己選択型の参加者に見学を許したのは、長時間見学しているだけという者は、まずいないからである。他の参加者がゲームを楽しんでいる姿を見て、やり方がわかってくると、興味がわいてくる。面白いことをしていると誰もが加わりたくなるものだ。新しいことを学ぶのには、常にストレスや不安が伴うが、何人かが楽しそうに活動し始めると、それまで気が乗らなかった見学者も活動に加わりたくなる。このような参加者は、リスクを冒すより、まずどのように行われているかを見てから学ぼうとするタイプなのである。

　気乗りせずに見学していた者が参加しだすというパターンは、集団の雰囲気が自分にうつる「感情の伝染」という心理学の概念にも関係しているだろう。他の参加者が楽しそうにしているのを見ると、それを自分の体験のように感じる。これは当日、もっとも反抗的でどうなるかわからなかった10代の男子グループにも起きた。《わたしは木です》（エクササイズ集5.1）で面白いポーズをしなければならないときに、ジュリオという年長の男子は、バカっぽく見られるのを嫌がった[4]。ジュリオは他の2人と一緒にゲームから外れた。しかし2回目のゲームの間に、他の参加者を見ていたジュリオは興味を覚え、アイデアを出してきた。初めて活動をする者が気まずさを感じているときにとるこのような行動を、わたしは何度も見てきた。ゲームをやっている外側から口出ししていたジュリオは、「興味があるなら参加しろ」という仲間からの挑戦を受けた。2回目のゲームが終わらないうちに、ジュリオは仲間に加わり夢中でゲームをしていた。これこそが、手法が計画どおりにいっている大きな証拠なのである。

　同じ日の、年長の女子グループのセッションの後で、スタッフのエリゾンドさんは、たった1回のセッションで、ゲームが女子どうしの力関係に大きな影響をもたらしたことに驚いたと打ち明けた。ジョアナというリーダー格の女子が、不

46

満を言って人々の気を引こうとしてきたとき、彼女の親友も含め他の女子たちは「不満を言うのをやめて、一緒に楽しもう」と言った。ジョアナはそれに従い、後で聞いたところによると、その一件が女子どうしの友人関係を広げたそうである。

　上下関係がなく、オープンで、公平なコミュニケーションの場を心地よく感じる者は、インプロに魅了され、ゲームで自分の力を発揮することができるのではないだろうか。このような人々は、コミュニティの開拓者として、新しい場所を探索し、消極的なメンバーのために、その場を安全なものにしてくれる。ジュリオやジョアナに加わるようにと子どもたちが指示を出したことは、グループに自己制御が生まれて、コミュニティが構築され、アプローチが成功に向かいつつあることを示唆していると言えるだろう。

FIT チーム

　カリキュラムを数回実施した後、ミス・ジュエルもその価値を認め始めた。しかしレクリエーションスタッフの中にインプロのトレーニングを受けた者がいないため、自分たちだけで同じように実施できるかを非常に心配していた。彼女は、指示や監督がなくても、FITボランティアだけで行える3種類のレッスンを作ることをわれわれに課した。これは一か八かの賭けだった。もしFITボランティアがプログラムをうまく進めることができれば、われわれが施設のスタッフに教えることも許されるだろう。しかしミス・ジュエルが納得しなかったら、このカリキュラムはおそらく却下になるだろう。

　FITボランティアとの準備時間は、プログラム開始前の2時間しかなかった。幸運にも、ボランティアたちは、（わたしの申し出を喜んで受け入れて）午前中のインプロ・ワークショップに参加していたため、子どもたちとのセッションを事前に観察する機会があった。

　当初、ファシリテートも介入もまったくさせてもらえないのは非常にやりづらかったが、わたしはスペースを自由に動き回り、レッスンの進行状況を見ることができた。部屋から別の部屋へ、そして中庭へと歩いていくにつれて、子どもたちの表情は混乱から好奇心へ、そして喜びへと変わっていった。施設の大人のスタッフがゲームに加わり、子どもたちと一緒に笑っていた。

　アルマンドという年少の男子が、ゲームを少し変えてやってみてもいいかと聞いてきた。FITボランティアはわたしを見て「ゲームを変えたいって言っている

のですが」と言うので、わたしは「やってみたら！」と答えた。ゲームのやり方を変えると、子どもからも大人からもどっと笑いが起きた。わたしの経験では、皆でいろいろやっていくうちに、変えたい部分が出てくるのは悪いことではない。そうすることで、経験の当事者として主体的に関わる意識を生み、それは双方向の結びつきを強くするのである。わたしの手から離れて、このようなアイデアが育つのを見られたのは非常に感動的だった。

　カリキュラムの名前は、まだ決まっていなかった。ホテルから施設へと移動する車の中で、FITメンバーたちがプロジェクトの名前を決めるのに盛り上がっていたところに、わたしが「自発的な村（Spontaneous Village）」と提案した。チームは気に入り、これに落ち着いた。

St.PJ のスタッフ

　われわれは2つ目のテストに合格した。ミス・ジュエルはあまり懐疑的ではなくなったが、FITチームがSt.PJと共同で作り上げた活動や授業を、施設のレクリエーション・スタッフが引き継いでいけるかを確認したいようだった。応用インプロ分野に携わるうちにわかってきたのは、プログラムが効果を継続させるのに必要な時間と組織やクライアントから与えられる時間との間には、常に緊張関係があるということだ。スタッフのトレーニングのために彼女が与えてくれたのは、たったの1時間だった。スタッフたちは非常に協力的で、子どものために全力を尽くしてくれたが、プログラムの最終日を見る限りでは、すべてのカリキュラムを現在のレベルで続けられるかはわからなかった。

事後の活動

　われわれがサンアントニオを発つ前に、ミス・ジュエルは教員やレクリエーションスタッフたちと共に、FITチームに会いにやってきた。ミス・ジュエルは、インプロ・セッションのことを、以下のように打ち明けた。

　　みなさんがインプロ・エクササイズのデモンストレーションをしたときに、わたしは完全に懐疑的で、10代の子たちにはうまくいかないと即座に言いました。チームが初めて子どもたちとインプロをやったときは、子どもたちが輪か

ら外れてしまったり、参加を拒んだりするのをさらに懐疑的な目で見ていました。この仕事をしていると、それが良くない兆候だとわかるのです。しかし驚いたことに、日が経つにつれて、子どもたちは一日を通して、いろいろな場所でインプロ・ゲームをするようになりました。インプロは10代の子たちの間では、日常会話の内輪ネタのようになりました。わたしは、スタッフと子どもたちの橋渡し役などもしました。もっといろいろあるけれど、とにかく言いたいのは、インプロは、確かに人々を、10代の子どもたちをも、結びつけるのです！ 弱者のためのプログラムになったのですよ。[5]

　このミーティングでスタッフのロザルバは、10代の女子寮で見かけたことについて話した。ある夜、女子たちを寝かせるために寮に入ると、2人の女子が指をパチパチと鳴らし合って、とりわけスペイン語話者の子がケチュア語話者の子に向かって指を鳴らしていることに気づいたという。ロザルバは《スナップ・パス》（エクササイズ集4.2）を知らなかったので、敵意をもったいじめ行為であると解釈し、悪いことだと間に入った。しかし次に起きたことにロザルバは驚いた。女子たちは、その日に習ったゲームをやって見せながら、ロザルバの認識を正そうとした。彼女たちはスナップ・パスで、ケチュア語の子も仲間に入れようとしていたのである。その後もゲームは続き、ロザルバも少しだけゲームに加わってから彼女たちを寝かせた。ロザルバは、彼女たちが言語を超えて結びつく方法を見つけたことに感動したそうだ。これは大きな成功の証である。

　他のスタッフからも、共にゲームをすることは、子どもたちとのラポール形成をすばやく行うのに確実で効果的だというコメントをもらった。実際これまでに試したどのようなアプローチよりも効果的だったという。単純に、名前ゲームや指を鳴らしたり手をたたいたりするゲームを取り入れることで、活動時の気持ちや雰囲気が良くなるのである。

　批評的な話に移ると、レクリエーションおよび収容施設のスタッフがインプロのセッションすべてをわれわれなしに行えるのかという、すでにわたしが抱いていた疑念も持ち上がった。それでも名前ゲームやソシオメトリックなゲームは繰り返し行われるだろう。一番シンプルで覚えやすくわかりやすいゲームで、5分程度でできるし、日をおいてまた行ったり、集中力を上げたりするのにも使える。1週間前のレクリエーション・スタッフやミス・ジュエルの気乗りしなかった様子を思えば、これは大きな勝利と言えるだろう。

まとめ

　スタッフや教員へのインフォーマル・インタビューでは、インプロ・シアターの手法が導入された結果、コミュニティが急速に生成されていく証拠となるエピソードが多く語られた。このような結果は、わたしが長い間、応用インプロで検討してきたことを確証するものであった。人（あるいは組織）の考え方や認識を変えたければ、ワークショップを1回行うだけで揺さぶりをかけられるだろう。しかし習慣や文化を変える、あるいは共同体を構築するには、継続した実践（インプロ・瞑想・ヨガ・あるいはバスケットボールでさえも）を取り入れる必要があるだろう。

　インプロ・シアターが、コメディアンやひょうきんな人たちが得意とするシアター・ゲームとしてしか世間に認識されていないのは不幸なことである。応用インプロには、コミュニケーションや協働、創造性が求められる人間中心のプロセスやプロジェクトを改善する力がある。加えて、個や共同体を精神的・感情的に健康にする力をもっている。集団にプラスの成長をもたらす、効果的なアプローチなのである。インプロヴィゼーションはわれわれ人間の自然な状態である。人と人とが直接出会って、社会的なつながりを作り、われわれをもっとひとつにするものとして。われわれ人間が困難に直面するとき、協働的なスキルを磨くのはきわめて賢明なことであろう。

4

非常事態に対する実践
── 勇者の即興サイクル ──

マリー・ティシュキェヴィチ

　わたしは小グループのイノベーションに関する専門家であり、その効果の評価者である。主な仕事は、小グループがどのようにイノベーションを起こすかを明らかにすることだ。さまざまな社会科学の調査方法を用いて、16人以下の小グループが深刻な危機（例えば事故・災害・テロ）において、互いにつながり、支援し合うことで、解決策を創ることを見出した。もしわたしが10年前に、インプロの手法や技術が災害の対策に良い影響を与えると聞いたら、笑い飛ばしただろう。わたしはキャリアのほとんどにおいて、多様な行政分野（例えば、連邦危機管理局（FEMA）・米国連邦議会・防衛省・国土安全保障省）の最高意志決定者のために分析の準備をしてきた。それは緻密で厳粛な仕事だった。しかし9.11の後に、わたしの目標は突然に変わった。

　9月11日、わたしは防衛分析官として、米国議会図書館の仕事の一環で米国連邦議会の調査のためキャピタルヒルで仕事をしていた。最初の飛行機がワールド・トレードセンターに衝突したとき、国際テロリズム研究のリーダーはすぐにその場を離れた。これが、わたしの社会災害対策に関わるきっかけとなった。同僚とわたしは指示されたとおり、連邦議会議事堂の外に出た。そこにはたくさんの人々がいた。そしてわたしたちは指示を待った。空は青く、さわやかな秋の香りただよう日だった。不幸にも、それ以上の指示はなかった。ワシントンDCの多数のエリアや警察が管轄するエリアでは、テロへの危機対応ができていたとは思えない。警察は通りに面した政府の建物周辺を封鎖していた。彼らは建物を守っていたが、人々を守ってはいなかった。緊急車両でさえも通れなかった。電車が止まってしまったため、人々はとぼとぼと歩いて帰った。連邦議会のメンバーは、しばらくの間テロ対策の訓練で学んだことを忘れていた。彼らが受けた連邦議会議事堂のテロリスト対策には、明確なプランがあった。彼らはそのプラ

ンに従うことを訓練されていた。しかし彼らはプランを実行しなかった。あの日は、ワシントンDCの誰もが混乱しており、カオスだったと思う。

　わたしはそのとき、その場で以下のことを決めた。「まず仕事のときは、常に予備の靴を持つこと。それから、自分がもっている政策分析のスキルを、災害対策のために使うこと。」社会が問題を抱えていることは明らかだった。わたしはその問題を解決するための力になりたいと思った。

解決に向けて —— 勇者の即興サイクルの発見

　9.11以後、わたしは災害に対して、いかに市民に準備をさせるかについて探求してきた。その中で、ある自然なサイクルを発見した。それは小グループが、緊急事態をその場で解決する方法である（「小グループ」とは16名以下と定義される。グループが16名を超えると、小グループの相互作用から大グループの振る舞いへと変化する。大グループは小グループよりも瞬間的な問題解決の点で劣る）。このサイクルは、支援したい想いと協働する能力によって駆動される。わたしはこの自然で勇敢なサイクルを、参与観察・ケーススタディ・メディアの記事・自分自身の経験から見出した。わたしはこのサイクルを「勇者の即興サイクル」と呼んでいる。それは小グループの能力が、生命の危機に瀕するような問題の解決に、まるで勇者のように用いられるからである。そしてこのサイクルにおける5つの小グループの能力 —— 警戒する（Alert）・準備する（Ready）・つながる（Connect）・焦点を合わせる（Focus）・行動に移す（Move）—— が、インプロの方法論を基にしたエクササイズで実践できることに気がついた。

　危機管理者は、災害が本質的にカオスであることを知っている。そのため彼らは、本物の災害のように混沌とした状況の中で訓練を行いたいと思っている。しかし伝統的な防災訓練では、参加者が本物の災害や災害時に起きる感情に、適切に備えることはできない。そのため、ほとんどの危機管理者にとって、実際の災害がテストの場となってしまう。実際の災害が起きてはじめて、訓練が機能するかどうか、適しているかどうかが明らかになるのである。わたしは、誰も傷つかず、安全な場所で、人々が危機的状況を体験しているかのように感じる方法を模索し続けた。

　わたしの主な目的のひとつは、防災訓練を楽しいものにすることだった。そうすれば、一般市民も、危機管理者も、行政も、その方法を頻繁に使用するだろう。予備研究では、行政が、日常的に行う防災訓練を回避していることが明らか

になった。なぜなら、防災訓練はルーチンでつまらなく、時間をかけるに値しないものだったからである。例えば2000年代のはじめに、行政は、竜巻からテロまで特定の災害に対するルールの概要と責任事項が書かれている「心得帳（playbook）」を配布していた[1]。防災訓練は、舞台の台本を初めて読むリハーサルのようであり、そこでは行政職員が会議テーブルに座りながら、次々にページをめくっていくといったものだった。いくつかの公式資料は、聖書のように分厚かった。そのためこのタイプの「トレーニング」は、苦痛なくらい時間がかかった。さらに最近の防災訓練も、書籍での「知識」や、講師がもっている「スキル」を提供するものであり、危機的状況における参加者の「能力」に「知識」と「スキル」を加え、強化するものではない。多くの応急処置トレーニングを思い返せば、わたしの意図するところがおわかりだろう。心臓発作の「知識」やCPR（心肺蘇生法）の「スキル」を教えるだけでは、目の前に本当に心臓発作を起こした人がいるときに、参加者が自分自身の能力を発揮できるかどうかを試すことはできない。防災訓練の内容は、参加者の「能力」を伸ばすために、実技の教本を読むことやドリルを解くことを超えたものでなければならない。

非常事態を共に解決する

深刻な危機において無力さを感じたとき、人は誤った選択をしてしまうものだ。生死を分かつようなときにこそ、小グループの勇気ある行動が異なる結果を生む。2016年にわたしが集めた「ニュースの見出し」では、人を助ける意識のある一般人の自然な衝動が、人命を救う勇気のある行動につながったことが示されている。例えば、

- オーランドのナイトクラブで無差別発砲の犠牲者が出たとき、6人の小グループが、この怪我人を移動させるために、腕を使ってストレッチャーをつくった。
- マリーランドのエリコット・シティで、車中にいる女性が水害に襲われたとき、水没する車の中から女性を助け出すために、6人組が鎖のように手をつなぎ合った。
- ベイトンロッジで洪水が起こったとき、ボートを持つ地元民が「非公式のレスキュー隊」になり、家から避難する近所の人たちを助けた。

メディアによって伝えられたこれらの素晴らしい話には、救命のために、どのように人々が小グループを形成したかが示されている。わたしの一番好きな例は、2011年9月13日のユタ州ローガンの例である。この例では、16人の人々が、火を噴いているBMWの下からバイク乗りを助けた。わたしはこのビデオを何百回も見た。なぜなら、人々が命を助けるために「勇者の即興サイクル」の5つのステップを明確に使っているからである（図4.1）。

　　ステップ１：警戒する —— 知覚を鋭敏にする。
　　ステップ２：準備する —— 使える資源を見つけ、コミュニケーションの壁を
　　　　　　　　　　　　　　超える。
　　ステップ３：つながる —— すばやくチームをつくる。
　　ステップ４：焦点を合わせる —— 問題解決に注意を向ける。
　　ステップ５：行動に移す —— 協働する。

　5つのサイクル自体は、数秒で完結するものである。このサイクルが継続するとき、たとえ経験したことのない危機であったとしても、人は次のステップですべきことを、自然に理解することができる。「勇者の即興サイクル」は、小グループが問題を解決するプロトタイプなのである。

　バイク乗り救出の例では、グループのメンバーがそれぞれのサイクルで、それぞれの行動に反応しながら、「勇者の即興サイクル」を4回まわしている。4回目のサイクルの終わりに、グループは燃えている車からバイク乗りを救出することに成功した。救出のはじめ、救出者1（水色のTシャツの男性）は、次の行動を決めるために、燃えている車に向かって走り出した。そのとき8人の男女は、車を持ち上げようとした。しかしその試みは失敗した。次の救出者2（白黒のシャツの小柄な女性）は、下敷きになっているバイク乗りを確認するために道に寝転がった。彼女はバイク乗りが生きていて、コミュニケーションがとれることをグループに知らせた。そのすぐ後に、再び8人が車を持ち上げようとした。2回目の試みは成功した。車は持ち上げられ、救出者3（帽子と黄色いシャツの男性）が車の下に潜り込み、バイク乗りを助け出した。次に救出者4（白い帽子と緑のシャツの男性）が、救急箱を持ってきて、傷ついたバイク乗りに駆け寄り、治療をはじめた。すべての行動は、たった2分程度だった（Garff 2011）。

　この例でわたしが好きな点は、市民がすばやく行動を起こしたことである。「勇者の即興ワークショップ」では、深刻な危機的状況下において、プロの救急隊員が到着する前の5分で何をするかを参加者に考えさせる。この自動車事故で

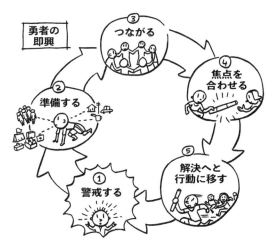

図4.1 「勇者の即興サイクル」の5つのステップ

は、警察は5分後、救急車は10分後に到着した。市民による小グループは、はじめの2分で犠牲者を助け出した。似たようなパターンは、救急の現場で何度も見られる。集団は有機的に組織され、最初の試みは失敗する。グループは失敗から学び、救出をするために「勇者の即興サイクル」を使い続けるのだ。

小グループの能力を全体に伝える

「勇者の即興」プログラムは、3時間のワークショップである。参加者16人ごとに、緊急対応の専門家1人と経験のあるインプロバイザー1人を配置する。ワークショップの参加者が16名以上であれば、インプロバイザーをもう1人追加する。小グループの中で、参加者が各々の能力を発揮できるようにするためである。緊急対応の専門家（通常はわたしが担当）は、「勇者の即興」プログラムのコンセプトを、実際の危機と関連づける。インプロバイザーはエクササイズを実施し、使用する災害の状況のカスタマイズを手助けする。専門家とインプロバイザーのパートナーシップは、チームワークが立ち上がるとはどういうことなのかを、参加者に対して実際にやってみせる素晴らしい機会となる。

このワークショップでは、経験のあるインプロバイザーを選ぶことが成功の鍵である。わたしは、人道支援に情熱をもつインプロバイザーを選ぶ。パフォーマンス未経験者にインプロ・ゲームを教えた経験や、舞台でのパフォーマンス経験

も必要である。彼ら／彼女らは、ワークショップ会場や参加者の言語力・身体能力に合わせて、わたしが行うエクササイズの調整をサポートしなければならない。またわたしたちが伝える小グループの能力を、実際にやって見せ続ける必要もある。わたしたちが伝える能力とは、例えばエクササイズにおいて立ち現れた状況を解決するために、どのように自分自身を活用するか、どのように部屋の人たちのエネルギーを感じるか、どのようにグループの行動から逸脱せずに行動を開始するか、どのようにグループを信じるか、といった方法を生み出すことである。

「勇者の即興サイクル」には、5つのステップに5つのエクササイズ・セットがある。ファシリテーション・チームは、それぞれのステップのエクササイズの終わりに、参加者の学習促進のために、特定の振り返りの質問を問いかける。例えば、どのように「警戒」し（ステップ1）、エクササイズ中に、どのように全感覚を使ったか（もしくは使えなかったか）、どのように「準備」し（ステップ2）、どのように会場にある資源を使ったか、どのようにチームと「つながり」（ステップ3）、チームへの信頼を伝えたか、どのように「焦点」を合わせ（ステップ4）、解決に向かう中で、次のステップを選んだか、どのように「行動に移り」（ステップ5）、その状況から行動を開始し、その実行に関わったか？

それぞれのワークショップの始めと終わりに、短い災害シミュレーションを行う。その中で参加者は、予期していない危機に対してどのように対応するかを、自分自身で判断することができる。われわれのワークショップでは、以下のような伝統的なトレーニングのイントロは使わない。「こんにちは。わたしたちは、あなた方のトレーナーです。これがトレーニングの目標です。」その代わりに、参加者を想定外の災害シミュレーションに飛び込ませる。インプロバイザーが神経を張り詰めながら、電話越しにテキストを読む。例えば「スケール5の竜巻が、このビルに向かっています。あなたの仕事は、皆と共にグループの安全を守ることです。はじめ！」そしてワークショップ・チームは、参加者が5分以内に解決策としてシェルターを創るのを見る。なぜなら、インプロバイザーが真に迫った感情でシナリオを伝え、すぐに行動するようにグループに指示するからである。参加者のアドレナリンは上昇し、本物の災害に巻き込まれているように感じるのである。しばしば、参加者どうしは初対面であり、トレーニングの場所は知られない。それは本物の深刻な危機に近いシナリオである。このオープニングのシミュレーションを基に、参加者に以下のような振り返りをさせる。「あなたは深刻な危機に対して、どの程度、準備していると感じましたか？」「このシミュレーションは、過去の災害体験を思い起こさせましたか？」

シミュレーションに対するディスカッションの後、緊急対応の専門家が「勇者

の即興サイクル」を紹介する。そして小グループがどのように人命救助の5つの能力を使い、解決策を瞬時に革新するかの例を示す。その後にファシリテーターは「警戒する」という最初のエクササイズをはじめる。このエクササイズの目的は、参加者が自分の身体と周囲の物理的空間に気づくことである。すでに明白かもしれないが、人は恐ろしい状況に巻き込まれたのがいつなのかを認識する必要がある。人は災害を知的に認識するだけでなく、身体全体で知る必要がある。エクササイズは、参加者が「身体で」感じることを目的とし、参加者が共に動いたり音を出したりすることに慣れるようなウォームアップで構成されている。例えば《スナップ・パス、手たたき、足ドンドン、喝采》は、参加者がガヤガヤとダイナミックな雰囲気の中で、周囲に注意を払うエクササイズである（エクササイズ集4.1）。2つ目の「準備する」エクササイズは、周囲の人や資源に注意を向けることを目的とする。参加者は集中し、明確な言語・非言語コミュニケーションを使う。例えば、《スナップ・パス》（エクササイズ集4.2）は「準備する」エクササイズで、参加者は動的な状況の中で、非言語的に注意を向ける方法を身につけることができる。3つ目の「つながる」のエクササイズは、すばやく信頼を築くことを目的とする。通常のチームビルディングは、時間をかけて信頼を築く。しかし深刻な危機下では、命を守るために、即座にグループに信頼感を伝えなければならない。ひどい状況の中では大切なことであり、特に知らない者どうしでは、より必要なことである。参加者は一様に「つながる」エクササイズにリスクを感じる。例えば《ブラインド・リード》（エクササイズ集5.3のバリエーション）では、参加者は目を閉じ、集団から言語による説明を受けながら、障害物のあるコースを誘導される。「つながる」エクササイズによって、参加者は信用すること・されることのダイナミックさを学ぶ。グループからサポートを得ながら、新しい挑戦に対する信頼の感覚を経験する。4つ目の「焦点を合わせる」エクササイズでは、グループにおけるリーダーシップを体験する。われわれはこのリーダーシップを「流動的リーダーシップ」と呼んでいる。参加者は動的な状況の中で、リーダーシップが参加者間を行き来することを体験する。例えば、ヴァイオラ・スポーリンの基本的な《ミラー》エクササイズ（Spolin 1963）は、「焦点を合わせる」エクササイズである。ペアは言葉を使わずに、お互いを真似して鏡像のような動きをする。別の「焦点を合わせる」エクササイズでは、スポーリンのゲームのバリエーションを使う。《ギブ・アンド・テイク》エクササイズでは、参加者がグループのかすかな動きのパターンを感じ、どのように反応するかを経験する（エクササイズ集4.3）。

　最後に、5つ目のエクササイズでは、これまでの学びを総動員して、2人で予

想不可能な即興シーンに挑む。参加者は演技することを予期していないので、アドレナリンは上昇し、ひどい状況で生じるコントロールできない感情が喚起される。勇者の即興プログラムの4つのステップを構築して「行動に移す」能力を経験する。短い説明をしながら、インプロバイザーは、シーンを一緒に演じるパートナーを選ぶ。わたしは、パフォーマーでない人たちでも上手にシーンができる《リメンバー・ザ・タイム》（エクササイズ集6.1）を用いる。《リメンバー・ザ・タイム》では、参加者に理想の休暇について、パートナーと共に詳細に「思い出して」もらう。2、3のパートナーがシーンを行ったら、インプロバイザーがコメントをする。エクササイズは全員が演じるまで行われる。

　2人組の即興のシーンが演じられた後、インプロバイザーが最初とは異なる災害の状況を知らせる。それは例えば、発砲事件のような、最初の災害よりも難易度の高いものである。最後のシミュレーションの後、参加者に振り返りをさせる。参加者はたいてい、3時間のワークショップを経ることで、最初のシミュレーションと比べて、より対策ができたように感じたと報告する。われわれも最後のシミュレーションにおいて、参加者がよりすばやく、より流暢に協働できていることを確認する。

　「勇者の即興」プログラムは、いつも参加者や会場に合わせて作られる。各々のステップで用いられるゲームにおいて、インプロバイザーに以下のような質問をする。自分たちのリードに自信があるか、ゲームがステップごとの学びの目的にあっているかどうか。わたしはインプロバイザーとの協働は、ジャズのセッションのようなものだと思っている。何度もあることだが、わたしはインプロバイザーとセッションの直前に会い、滞りなく協働してきた。われわれがどこを目指すのかという基本的なフォーマットを理解している。そしてそれぞれが、それぞれの持ち味をもっている。

　このプログラムでは、文化的感覚や地元の常識を尊重するために、いつもコミュニティのメンバーと共に活動することにしている。コミュニティのメンバーはコミュニティの常識を知っているし、ワークショップに対する、潜在的なニーズに対応したアイデアを教えてくれる。例えば、スペイン語圏でワークショップを行うとき、わたしはよりシンプルで非言語の要素が大きいゲームを用いる。それは説明を通訳しなくてはならないからである。

　それぞれのグループの機能も、われわれが「勇者の即興」プログラムをどのように適応させるかに影響を及ぼす。例えば、われわれが市民を対象に行う場合には、すばやく繋がりをつくるエクササイズを選ぶ。また、職員を対象に行う場合には、普段の役割を手放し、共にすばやく解決を構築することに挑戦できるよう

なエクササイズを選ぶ。基本的なやり方に依存しているスタッフに対しては、いつもの台本を離れ、自分の「世界の外側」での実践を必要とするようなエクササイズを選ぶのである。

フィリピンにおける「勇者の即興」プログラムの実践

フィリピン人は、アメリカ人よりも自然災害を多く経験している。国連大学の世界リスク報告書（Garschagen et al. 2016）によれば、フィリピンはバヌアツとトンガに次ぐ、世界3位の災害大国（地震・台風・火山噴火）である。2013年11月の台風は凄まじい規模で、想像を絶するものだった。歴史上最大の200mphの暴風の後、予期できない規模の津波が上陸し、数分後に危険な洪水が港町を襲った。

2014年のはじめ、わたしは「勇者の即興」プログラムのパイロット・プログラムを行うことができた。フィリピン人のインプロ・トレーナーであるゲイブ・メルカドに招待されたのだ。彼はフィリピンの人たちを助けたいという情熱をもっていた。

ゲイブと彼の同僚は、8日間のボランティアとして参加し、フィリピン人が「勇者の即興」プログラムを実施するために寄付を募った。

われわれは、フィリピンにおいて「勇者の即興」プログラムをいくつもの方法で実施した。まずマニラのトレーナーたちを対象に、プログラムを試験的に行った。トレーナーたちは自分たちのコミュニティや文化に合わせるための修正点をフィードバックしてくれた。次に北部のフィリピン人グループを対象に、修正したプログラムを実施した。グループのうち、4つは航空会社、会議センター、学校の職員を対象としたグループであり、ひとつは緊急対応グループ、ひとつは部族のグループであった。最後に、学んだことのすべてを取り入れたプログラムを実施した。このプログラムは、被災から100日後、大型台風「ハイエン」の被害を受けた3グループを対象に実施された。最終的にわれわれは、200名のフィリピン人の参加者（10歳から70歳）に、3時間のワークショップを実施した。これらのワークショップの究極の目標は、被災者が次の災害の準備ができるようになることである。

フィリピンの市民と高度な安全確保を要する職業人との協働

　地元のトレーナーとの試験的なワークショップを行った後、われわれはフィリピンの市民と高度な安全確保を要する職業人との協働に乗り出した。大型台風のような想像もできない危機においては「何をしたらいいかわからない」ことが、市民の行動の障害となりうる。一方で、高度な安全確保を要する職業人（例えば航空会社・子どものケア従事者・救急隊員・医療職など）は「間違った行動をしたくない」という気持ちが障害となる。どちらも行動を阻害するのは恐れである。ワークショップの中では、市民と高度な安全確保を要する職業人の両方を緊急事態の状況に置くことで、恐れを乗り越え、小グループの《勇者の即興サイクル》の力を使った行動ができるようになる。

　マニラの市民を対象に、地震という設定で行ったときは、すべての参加者がすぐに屋外に出る行動をとった。それは1980年代から1990年代の子ども時代に学校で習ったからだ。われわれはこのシミュレーション実施の後、最新の地震研究では、地震があった都市部で、多くの市民が屋外に出たために、飛来物によって亡くなったことを伝えた。結果として、参加者は地震への準備と対応に関する最新の知識とスキルを習得し、古い知識やスキルを修正した。

　高度な安全確保を要する組織の人々は、一般市民とは異なり、最新のトレンドを知っている。しかし即興的に動くことができない。なぜなら、屋外に出るという標準的な手続きの結果が、死や受け入れがたい結果につながりうるからである。しかし想像もできないような危機の場合は、標準的な手続きは存在しない。そこでは行動しないことも、死や受け入れがたい結果につながりうる。われわれは、フィリピンの国内線スタッフからなる2つのグループに「勇者の即興」ワークショップを実施した。最初のグループは、シニア・マネージャーたちだった。インプロバイザーは、100ヤード向こうで、銃を持った者が警備員を殺したという危機的状況を演じ始めた。そして5分でお互いの安全を守るよう指示した。リーダーたちのグループは、円になって共に立ちスマートフォンを取り出して、もっと情報を得るために、誰に連絡できるかを推測し始めた。それとは大きく異なり、現場で働くスタッフたちは、同じ場所で同じシナリオを伝えられると、シニアたちとはまったく違う行動をとった。このグループは行動的だった。トレーニングルームの見せかけの化粧壁から離れ、ドアを塞いだ。2人の男性は、ベルトと椅子を武器にドアの後ろに潜んだ。このグループは、完全な暗闇と静けさの中で

残りの時間を過ごした。「勇者の即興」プログラムのエクササイズを通して、現場スタッフがすでにハイリスクの危機に対して準備ができていることが明らかになった。標準的な手続きを知っている／知らないに限らず、協働することによって迅速に対応すること、信頼を構築することができたのである。

被災者との実践 —— 信頼の重要性

　災害準備のワークショップは、嵐から100日経った被災者にどのように役立つのだろうか。その答えは、信頼が構築されることである。このことは、フィリピンのレイテ島のタナウアンとタクロバンの大型台風の被災者と共に行った最後の3つのワークショップにおいて明らかになった。（図4.2と4.3）

図4.2　フィリピンのタナウアン地域の小学校に集まった「勇者の即興」ワークショップの参加者たち。2014年2月。

図4.3　「勇者の即興」ワークショップの参加者たち。2014年。前列中央がゲイブ・メルカド。その右隣がマリー・ティシュキェヴィチ。

40年間フィリピン人は、災害現場に絵画・舞台・音楽のアーティストをすぐに派遣してきた。すべてを失った後に人間性を取り戻すためである。災害現場に到着したとき、ゲイブは、われわれはトラウマ治療やストレス低減のために来たのではないことを地元の協力者に伝えた。われわれの目的は違った。われわれの目的は、次にやってくる災害対策のための被災者支援である。

　このときまでにわれわれは、カリキュラムを微調整していた。それにもかかわらず、最近の被害者とのワークショップは異なるだろうと思っていた。そのためわれわれは、必要に応じてプログラムや会場を変えるようにした。初めに加えた変更点は、最初のシミュレーションを行わないことであった。参加者はつい最近災害を体験して、それを乗り越えてきたからである。被災地に降り立ち、荒廃した状況を見たとき、ゲイブは遊び心にあふれたウォームアップと、災害から生き延びたストーリーを2人組で分かち合うエクササイズを提案した。驚いたことに、われわれがワークショップを行った場所は、電気が通っていない屋根のない学校であり、周囲には数百人の家族でいっぱいの国連の支援で建てられた白いテントがあった。

　電気も屋根もなく、日が暮れるまでにワークショップを終える必要があったため、参加者を集め、ただちにワークにとりかかった。ゲイブは皆にその場所で歩き回るよう伝えた。それから参加者に、同じ色の服を着た人とパートナーになり、楽しみにしていることについて話すようにと言った。それぞれのペアは、より大人数のグループで、夢を分かち合った。次にゲイブが「自分と同じくらい外見の良い人」を見つけるよう指示すると、ごまかし半分の笑いが起こった。新しいペアが作られると、自分が恐れていることについて話し、自然に災害を逃れてきた話となっていった。参加者は、恐怖に直面する準備がどの程度できているかを、1（まったく準備ができていない）から10（とても準備ができている）で表し、なぜその数字を選んだかをペアのパートナーに説明した。わたしは数字を記録した。次にゲイブは、このワークショップが共に恐怖に立ち向かい、災害時に必要となる能力を経験することがどのように役立つかについて説明した。

　このように、被災者たちのワークショップを「その場での即興」で始めたことは、「勇者の即興」プログラムに良い雰囲気をもたらした。われわれは、被災者たちがゲームをとても楽しんでいることに気づいた。これまでのフィリピンでのワークショップに比べて、笑い声が大きかった。それぞれのエクササイズについて説明すると、自分たちは大型台風から生き残った体験の中ですでにそうした能力を使っていたと語った。例えば、洪水から逃れるために、屋根という屋根が流されたため、即興的に高いところを探さなければならなかったのである。

被災者たちは、人命救助のために「勇者の即興」のステップを使って、もっともリーダーになりそうにもない人がリーダーになった話をした。ある家族では、もの静かでシャイな10代の息子が、嵐による洪水の中でリーダーとなった。彼は家族を落ち着かせ続け、家族は生き延びるためにエネルギーを使うことができた。彼の妹は、周囲の危険にパニックになった。彼は冷静に、叫ぶのをやめるよう指示し、綱を掴むことに集中するよう諭した。水が上がってくる中、家族は大きな水タンクを浮き輪代わりにした。母は息子の行動を「流動的なリーダーシップ」の例だと述べた。普段の生活の中では、教師である母が家族のリーダーであった。しかし嵐の中で生き延びるために、家族を必要な行動へと集中させたのは、もの静かな息子であった。

　われわれのワークショップの重要な成果は、自信という**態度**である。大型台風という混沌から秩序を創り出した。他者を助けたいという気持ちを動力源に、行動に移すことで生き延びた。そして自分たちが素晴らしいことを成し遂げたことを知り、別の危険の高い状況でも、「勇者の即興サイクル」の能力を発揮できるという自信をもった。

　さらにフィリピンでの滞在の後、われわれはどんな言語でも、どんな場所でもワークショップを実施できるという自信を得た。4人のファシリテーターと2人の見習いファシリテーターで構成されたわれわれのチームは、英語・タガログ語（マニラ地域の言語）・ワライ語（被災地の言語）で「勇者の即興」プログラムを実施した。しばしばエクササイズは言語を超えた。われわれは内容を説明するのに何の問題もなかったし、参加者は「勇者の即興サイクル」の5つのサイクルと、危機の中での使用方法をはっきりと理解した。

　最後に行った3つのワークショップの終わりに、われわれは被災者に、次の災害への準備がどの程度できているか1〜10で示してもらった。ある参加者はワークショップが始まる前は3としていた。彼女は、大型台風をもう一度経験するくらいなら死んだ方がましと言った。しかしワークショップの終わりには、8だと言った。彼女は「あなたたちは武器をくれました。わたしは次の災害の準備ができています」と語った。

　「勇者の即興」のエクササイズは、想像を超えた危機への準備を支援することができる。困難なときに、多くの人々は力を発揮したいと思う。自分や他者への支援の能力を信じたいとも思っている。「勇者の即興」プログラムは、小グループがリスクの高い状況で、どのように想像力豊かに協働できるかを明らかにしてくれる実践的な方法である。そしてインプロバイザーは、正しい学びの場を創るための鍵を握っている。わたしが一緒にワークショップを行ったインプロバイ

ザーは、創造的で、共感にあふれ、焦点をコントロールする能力をもっていた。インプロバイザーは発見と行動の関係を理解している。すべての人たちの言葉を深く聴き、難しい状況に身を置き、参加者を助け、人の状態に興味をもつことを、身をもって示したのである。

パート2

リーダーシップ開発

5

ティファニー社の
イエス・アンド実践

ケイトリン・マクルアー

　ティファニー社を象徴する青い箱を見ると、豪華さ・完璧さ・美しさが想起され、インプロと聞くと、自発的な行動・健全な失敗・見る前に飛ぶといった言葉が思い出される。本章は、ティファニー社にとって重要なリーダーシップの開発プログラムに、応用インプロがどのように導入されたかについてのストーリーである。

　ティファニー社は、チャールズ・ルイス・ティファニーがニューヨークで創業してから174年の歴史を経て、今や高い品質・高い技術・高価な嗜好品の代名詞となっている。家族経営だった事業は、広く取り引きを行う事業となり、垂直統合され、持続可能で、環境に配慮したビジネスの最前線の事例となった。わたしが2011年に組織活性化事業部に加わった頃のティファニー社は、全世界に250店舗、従業員8000人以上の規模に拡大していた。

　このような長期の繁栄のためにティファニー社は、会社に不要なものは捨て去り、成功の核となる特徴を維持し継続する必要があった。2011年、組織活性化事業部は、非常に成功した3日間のMDP（マネージメント・ディベロップメント・プログラム）について、まさにこのような状況にあった。このプログラムは、ティファニー社初の全社的なリーダーシップ開発プログラムで、当時の急成長する会社のニーズに対応するため2003年に組織活性化事業部によって開発された。しかし2011年までにはニーズ自体が様変わりしていた。ティファニー社の人材開発担当役員は次のように述べた。

　　わたしたちをワクワクさせるリーダーシップ発揮の機会は、課題を減らし、グローバリゼーションの利点をフルに生かすことに集約されていて、そのことが組織体制にだんだんと根付いてきています。わたしたちは活動の地域と社員

を増やし、アイデアを提供しながら、ティファニー社の仕組みを変え、またそのような活動に社員のエネルギーを注いでいます。課題はアイデアを出すこと自体ではなく、それをどう実現するかなのです。[1]

　これまで以上に強調され始めていたのは、ティファニー社のリーダーが、組織・時間帯・文化の違いを超えて、パートナーを尊重しながらも、言うべきこと[2]は言い、効果的に協働することのできる能力や、自分たちのスタッフの潜在力を解き放つことのできる能力であった。

　グローバル・リーダーシップ開発のディレクターは、MDPの生みの親としてプログラムの中核理論だけでなく、教育の方法論も再検討したいと考えていた。わたしが受けた採用面接で、彼女は「もし管理職が、マネージメント理論で遊んでくれれば、MDPが終わった後も、仕事の中で活用してもらえると思うわ」と言った。聞き間違いだろうか？ 遊ぶ？ ああ、それならできる。教育プログラムは、それを本気で受け取ってもらうためには、真面目なものだと思わせなければいけないというのが常識となっている。職場での学びの経験を放ったらかしにしておいても安心していられるなら、それは価値のないプログラムだったに違いない。しかしわたしは11年以上、外部コンサルタントとして、仕事の中に遊びを組み込んできた。具体的には、新人研修・リーダーシップ開発・戦略的思考・コーチング・コミュニケーションのためのプログラムを、世界規模の企業と開発し実践してきた。その中心の方法論として応用インプロを用いてきた。

　今回、わたしが外部からではなく内部から仕事をするようになったのには、いくつか理由がある。わたしの仕事の多くはクライアントやチームと一度きり、あるいは短い期間で行うものが多かった。したがって長期にサポートすることや風土全体に対処することは不可能だ。外部コンサルタントとして、会社が学習や開発の機能を組織化するやり方を非常に不思議に思っていたので、その秘訣を知りたいと思った。（答えは、秘訣などなかった！だ。）もし会社にやる気があるなら、応用インプロのツールを使って、組織全体を前向きに変革することは可能だとずっと信じていた。そしてティファニーの仕事は、この考えをテストする機会を与えてくれるだろうと思ったのだった。

組織文化に対する組織風土の理論

　わたしたち組織活性化チームは、プログラムの中で、残す必要がある要素と時

代遅れの要素を確認しながら、MDPを分解し、組み立て直す必要があった。基本の枠組みは変更しないことで合意した。このプログラムは職場を離れての3日間のプログラムであり、対象はティファニーの全地域の管理職とし、1セッションで24名が参加、1年で6セッションを実施する。

　再設計を進めていくと、組織文化（Culture）に対する組織風土（Climate）の理論が、プログラム再編の支柱となった。「風土」とは「その場所で働くときに感じる気分」（Davis et al. 2010）であるとシンプルに定義した。組織はひとつの文化——伝統・価値観・歴史——と、個々のチームリーダーがもたらす複数の風土を有している。通常文化はつかみどころがなく、変えるのは困難だ。しかし風土は容易に観察することができ、変える余地がある。ポジティブな風土は、生産性とイノベーションに直結しているし、いくつかの異なった条件で分析することができる。例えば、社員が人間関係の中でどの程度の安心感をもっているか、どの程度まで組織の目標を理解し、自分の仕事への責任感がその目標達成にどう寄与しているかわかっているか、どの程度まで伸び伸びと気楽に交流ができているかなどである。

　研修デザイナー兼ファシリテーターであるわたしの仕事は、組織風土の理論を教えるために、参加者に最適な教室の風土を作り、その風土形成につながる行動を明確にすることだと考えていた。そうすることで、参加したリーダーたちが職場に戻ったときに、学んだ行動を意図的に使って、チームのために適した風土を作ることができるからである。MDPでは、風土づくりの行動をモデル化し、参加者がそれを実践する支援をしたいと考えた。リーダーとして働く上で、最適の風土で働くという経験がない参加者にとっては、これが必要不可欠である。

　プログラムの中核メッセージは以下である。

1. 素晴らしい風土は、偶然には生まれない。意図的に創り出されるものである。
2. チームにとっての素晴らしい風土を創り出すために、管理職のあなたがやれることはたくさんある。
3. 風土は生産性とイノベーションに直結する。チームの生産性を上げるために風土を改善しよう。

教室に高いパフォーマンスを生む風土を作る

　MDPの最初の1時間は、意図的に他の社内トレーニングと同じように開始する。ティファニー社の別々の地域からやってきた24名の管理職が教室に入るとき、教室の風土は、概ね親しみやすく礼儀正しくて、参加者はやや高揚し、少し緊張気味だった。参加者は、ブロックのような小さなオモチャがテーブルの上にあり、音楽がかかっていることに気づく。何人かは互いに知り合いだったが、多くはそうではなかった。そしてこれから3日間を、面識のないわたしによってファシリテートされるプログラムを受けるために、一緒に過ごすのである。わたしはパワーポイントを用意して、教室の正面に立っていた。わたしたちは互いに自己紹介し、最初はグループ全体で、次に小グループに分かれて、プログラムに期待することを話し合った。そしてティファニー社の上級リーダーのビデオを見て、リーダーシップについての考え方を共有した。このオープニングから、当然ながら心理的に安全な風土を作り出すプロセスが始まるのだが、本当の変化は、参加者たちが最初の休憩から帰ってきてから始まる。

　わたしは参加者たちが戻ってきたのを迎え入れて、例えばこう言う。「このプログラムのゴールは、みなさんが職場に戻ったときに、これまでと違う**行動**を実際にできるようになることです。単にこれまでと違うマネージメント理論を知ることではありません。さあ、いくつかの新しい行動を試すことから始めましょう」。

　最初のアクティビティ[3]は、キース・ジョンストン（Johnstone 1999）によって創られた《クイック・ドロー》、オリジナル名《ザ・アイズ》である。わたしはこれを、何年も前にAINの創設者のひとりのアレイン・ロスタインから学び、プログラムのスタートでよく使う。このアクティビティは、参加者が自分自身と周りを判断することから離れて、自分を開示し相手に興味をもつような気持ちに安全に移行していく方法である。参加者は座ったままで（安心）、ペアになって行う（安全）。

　教室の前のフリップチャートを使って、アクティビティをデモンストレーションするのを手伝ってもらうボランティアを募り、ボランティアが前に出てきたときにはお礼を言う。わたしたちはプログラムの最中に頻繁にお礼を言うが、お礼を言うことは、風土にポジティブな影響を与えるもっとも簡単な方法のひとつだからだ。フリップチャートに2つ点を横並びに描いて、次のように説明する。

「ジャニス（ボランティア）とわたしは、これからこの2つの点を目として始めて、一緒に顔の絵を描きます。それからわたしたちは、交代交代にこの顔に特徴を加えていきます。彼女が1つ特徴を加えたら、次はわたしが加えるというように」。ルールは2つある。（1）どちらか一方が描くのをためらったら、絵が完成していてもしていなくても、そこで描画は終了する。彼女のペンが離れたら、間髪入れずに、自分のペンで描き始める。逆も同様。（2）作業は、会話をしないで無言で進める。

　一般的に、最初に名乗り出るボランティアは熱心な描き手が多いので、わたしの方が先にためらって描くのを止めることがよくある。わたしはそのことをはっきり言う。「ジャニスとわたしは、この絵をもっと細かいところまで描き続けられたに違いありません。次のアクティビティのデモに移れるよう、わたしは中断しました」。次にわれわれは、同じやり方で描いた顔に名前を付ける。わたしが1文字加え、彼女がもう1文字。そしてどんなに発音しづらくても、教室に向かって誇らしげに大声で名前を読み上げる（図5.1）。

　デモンストレーションが終わったら、全員がそれぞれのテーブルでペアになって《クイック・ドロー》を行い、1ペアで2枚の絵を描く。すぐに教室は、笑いや驚きや困惑や喜びといった情動的な声で一杯になる。身体が柔らかくなり、ペアは互いに体を寄せ合うようになる。だんだん、人のパーソナリティが絵を通して見えてくることに気づいていく。例えば、しっかり細部まで書いてある絵もあれば、大まかでとりとめのない絵もある。皮肉を言って不満足を表す人もいるが、参加者の大部分は何も言わずに、見るからに楽しんでいるようで、肩の力が抜け始めて、笑顔もぎこちなさが減ってきている。絵を描き終えたら、教室を回って同僚たちが描いたいろいろな絵を見るように促す。

図5.1　マクルアーと参加者が描いた《クイック・ドロー》の絵

《クイック・ドロー》が一般的なアイスブレイクと異なるのは、以下である。わたしがオープン・クエスチョンを使って、この体験から学ぶことの意味を参加者に意識してもらうのである[4]。

　もし自分ひとりで絵を描いたら、その絵はどう違っていたでしょうか？ **それほど創造性がなく、コントロールされた結果になったように思いますし、見栄えが良いものにしなくてはというプレッシャーも感じたでしょう**。それは誰の絵でしょうか？ **誰でもありません。共有されているのです**。最終結果をコントロールできないことをどう感じますか？ **楽しい！** 日常では、自分がコントロールしていると思いたいのが普通です。しかし今、コントロールできないから楽しいと言いましたよね。なぜでしょうか？

　ティファニー社のリーダーの何人かにとって、コントロールを他者と共有しようと思うかそれに抵抗するかを意識したのは、今回が初めてだったかもしれない。参加者たちは、自分が周りの環境をコントロールしようとすると、より優れた解決策を作り出す機会を逸してしまうかもしれないことを理解し始めた。

　《クイック・ドロー》についての最初のディスカッションの後、わたしはフリップチャートに、3日間を通してガイドとなる《6つの協働原則》を提示した。（インプロの用語のいくつかを、ティファニー用だと感じてもらえるよう変更した）。

1. 関与する（Commit）
2. パートナーが素敵に見えるようにする（Make your partner look good）
3. 与えられたものから創り出す（Build with what you're given）
4. 失敗を贈り物として扱う（Treat mistakes as gifts）
5. 好奇心をもつ（Be curious）
6. ありのままの自分でいる（Be obvious）

　これらの原則が、《クイック・ドロー》のどこで見られましたか？ **パートナーが何を描いても、わたしたちはそこから始めなければなりませんでした。パートナーが描いたものを、好きでないと思ったり、理解できなかったりしたらどうなっていたでしょうか？ ただ続けて、何かを付け加えなければなりませんでした。わたしは首を描いたつもりでしたが、パートナーは胴体だと思い、腕を付け足しました！ それでわたしは手を付け加えました**。それは「失敗を贈り物として扱う」ということですよね。パートナーは失敗をしたのでしょうか？ **違います！ わたしが首だと考えていたのを、彼女は知らなかっただけです**。では想像してみてください。職場に戻って失敗してしまったとしたら。その失敗は「何か

を生み出すためのもの」だと考えることができたら、何が変わりますか？

インプロの原則をモデルとすることに関するノート

　わたしがこのプログラムのトレーナーを教育するときにもっとも注意深く見ることは、トレーナーがインプロの原則を説明できるかどうかだけではなく、この原則を形にして表すことができる能力である。これらの原則は、インプロバイザーがクラスを持ったり、パフォーマンスをしたり、教えたり、指導したりするたびに身体に染みこんでいく。これはインプロの経歴をもたないファシリテーターや教師には当てはまらないかもしれない。この能力が特に必要となるのは、アクティビティが計画どおりにいかない場合である（そのような場合は、ファシリテーターと参加者の両者に最良の学びをもたらす機会にもなる）。われわれはそれがどのようなものであっても、真の反応を探る。もっとも疑い深かったり、イライラしていたり、辛辣であったりする参加者の反応に対してもファシリテーターが、イエス・アンドで対応できればできるほど、たくさんの学びが参加者全員に生まれる。わたしたちの仕事は、参加者が経験を通して感じていることすべてを言葉にし、その感情と現下の学習目的とをつなげる支援をすることである。

　《スナップ・パス》（エクササイズ集4.2）という2つ目のアクティビティは、輪になって立ち、輪の誰かとアイコンタクトし、その人に向けて指をパチンと鳴らす。それを受けた人は、別の誰かにアイコンタクトして、同じように指のパチンを「回す」。この《スナップ・パス》は、《クイック・ドロー》よりも心理的な不安が大きくなる。なぜなら教室の全員に見られているからだ。しかしこの不安はすぐに消える。参加者が自分たちのゲームのしかたを見つけ出すからだ（例えば2人で指パチンをやりとりし合い、自分たちで続けたいという無言の合図を送るなど）。教室中に笑いや楽しさがあふれ、遊び、つながりを感じるようになる。
　アクティビティ後の振り返りはこんな具合である。どの協働の原則が見られましたか？　**関与すること**です。具体的にはどの場面でみられましたか？　そうですね、**全員が参加**しました。関与しなかったら、どんな様子だったでしょう？　たぶん、パートナーのことを見なかったでしょうし、この場にいたくないような態度をとっていたと思います。あなたの職場でそのようなことはありますか？　**もちろん、あります！**　誰かとそんなふうに仕事するとしたら、どう感じ

ますか？　うぅ～ん。それでは一方で、十分に関与してくれて、参画してくれて、自分のボールを受け取り一緒に走ってくれる人と仕事をするとしたら、どんな感じでしょうか？　素晴らしいです！

　午前の最後のアクティビティは《わたしは木です》（エクササイズ集5.1）で、さらに不安が高まる。なぜなら輪の真ん中で、3人組の像を作るように言われ、しかもお互いのアイデアを生かし、自分で「わたしはリスです」とか「わたしは葉っぱです」とか、名乗らなくてはならないのだ。参加者の中には、すぐに加わる人もいる。くよくよ悩むよりも、演じる方がずっと楽しいことがわかっているからだ。この関わりは周囲に伝播し、引っ込みがちな参加者にも確実に影響を与える。ファシリテーターとしてのわたしは、引っ込みがちな参加者にいつ働きかけるか、そしていつ「パートナーが素敵に見えるようにする」という原則を思い出させて、パートナーを輪の真ん中で孤立させて不快な状態にしておかないように、行動を促すかのさじ加減を見ている。

　最後に参加者全員で1つの像を作り、アクティビティを終了する。全員がサークルに戻ったら、教室全体を見回して、最初に教室に入ってきたときと今の風土を比べて、どう思うかを話すよう求める。オープン、フレンドリー、気が楽になった …。もう一度次のようなことを話し合う。6つの協働原則がアクティビティのどこで見られたか、原則に従うことがグループの協働能力の高まりにどう役立ったか、これらの原則がどのように仕事生活につながっているか。

　初日の10：45までに、教室の風土は明白に変化した。笑い合い、お互いにアイコンタクトし、安心して心理的なリスクを冒していた。リスのように行動し、一緒に絵を描いた。そしてもっとも重要なことは、新しい行動の基盤、すなわち「協働原則」に出会ったことである。わたしもファシリテーターとして、参加者についての気づきがあった。例えば、このグループの中でためらいがちなのは誰か、すぐに参画するのは誰か、他人の感情に気がつくことができるのは誰か、いつも自分自身に関心がいっているのは誰か。わたしはこのような洞察を得て、アクティビティやディスカッションをより良い構成にして、参加者が自分の強みに自信をもち、弱みに向き合い、新しい行動で「遊ぶ」ように支援することができる。

　彼らは椅子に座って、少しの間、以下のことを振り返りながら書く。

1．一連のアクティビティで、自分自身について何を学んだか？
2．協働的な学習風土について、何を学んだか？
3．協働原則を、自分の職場風土にどのように適用できるか？

キース・ジョンストンの用語を使えば、われわれの「可能性の輪」（Dudeck 2013:10）が創り出されたと言える。このケースの参加者は、遊び心を一杯にして学びに参加することを期待されているのであって、3日間を受け身でだらだらと過ごすことは期待されていないことをすでに理解している。

3日間のプログラムで使われる応用インプロ

　おおよそMDPの3分の1が、応用インプロの数々のアクティビティからなる。それぞれは、協働、信頼、モチベーション、自信をもった主張、積極的な傾聴、フィードバックを返すといったトピックをめぐる中核的理論やベストプラクティスを生き生きと伝えるために、良く考えて設計されている。わたしたちは通常、新しいトピックの始まりに応用インプロのアクティビティを使って、そこから理論の深いところまでディスカッションをする。アクティビティから始めることで、その理論は明確となり、参加者の自己認識が高まり、新しいことを練習する機会が生まれる。

　協働というトピックを扱うために、わたしたちは《それが好きなところは》（エクササイズ集5.2）というアクティビティから始める。これはわたしの好きな《イエス・アンド》アクティビティのひとつだ。なぜならファシリテーターにとって、どの参加者が他者のアイデアを聞き、それに乗ることに苦闘しているかがはっきりわかるからだ。苦労しているのが誰なのかがわかれば、コントロールを共有することが難しい理由を探り、共有するための新しいやり方を提案する支援ができる。

　参加者たちは小さなチームになり、ありふれた物、例えばトースターをデザインしなければならない。最初の人がトースターの特徴を1つ言う。例えば「スロットが6つあるトースターがいいわ」。隣の人は「わたしがそのアイデアの好きなところは」と言い、スロットが6つあることが大事である理由を説明して締めくくる。**このアイデアが好きなところは、夫と息子とわたしがみんな同時にトーストを食べられるからです**。そしてもう1つ特徴を付け加える。「このトースターの色は青がいいわ」。彼女の隣の人は「このアイデアが好きなところは」というふうに応じて、青色がいい理由を考えだす。**それが好きなところは青がわたしの瞳の色に合っているからです**。そして ‥‥。このアクティビティを作ったときに、わたしは2つの重要な変数を加えた。予算には上限がないこと。物理的

な制約がないことである！ 通常、トースターに関する1周目のアイデアは、現実的な域を出ない。しかしアクティビティの終わりには、トースターは空中に浮かんで持ち主を追いかけたり、時空を超えて移動したり、折りたたまれてポケットに収まったりする。

　それぞれのチームが途方もないアイデアを他者に披露した後、この協働で創作するプロセスについてディスカッションする。隣の人が何か好きな点を見つけるとわかっていながらアイデアを出すのはどんな気持ちでしたか？ 隣の人が受け取ってくれるとわかっていたので、間抜けなアイデアでも出して大丈夫だと思いました。もしあなたが気に入らないアイデアを隣の人が提示してきたら、どうしないといけないと思いましたか？「それが好きなところは」で始まる文章で話を締めくくるというルールを指示されていることを知っていたので、わたしが本当に欲しいのは青色じゃなくて色とりどりのトースターだったとしても、自分の考えは捨てて、青色を選ばないといけないと考えました。自分の考えを捨ててみると、自分が優れていることを示すことより、人と一緒に創り出すことの方がもっと楽しいとわかりました。それに他の人が、自分は優れていると感じさせてくれました。わたしのアイデアが好きなところをずっと言ってくれたからです！

　その他のMDPのアクティビティには、リーダーとしての信頼をどの行動が促進し、どの行動が阻害するかに関するトピックに取り組む、《トラスト・ウォーク》（エクササイズ集5.3）がある。そして参加者が傾聴できているかどうかの自己認識を高め、「与えられたものから創り出す」練習をするために、《ワンワード》を行う。

影響

　ティファニー社のすべてのリーダーシップ・プログラムは、優れたリーダーシップの土台が自己認識にあるという信念にもとづいている。応用インプロの特徴的な利点のひとつは、参加者が教室という安全な場で、職場に適用したい行動を、持続的に実際に行えることである。こうすることで、参加者は行ったことがうまくいったかいかなかったかをすぐに体感し、新しいやり方で行動してみて、他の人からすぐにフィードバックをもらい、スキルを向上させながら、自己認識を深める機会を得ることができる。

　参加者のスーは《クイック・ドロー》のときに、パートナーに何もさせずに、ひとりで顔の全部を描いてしまった。彼女のパートナーは、振り返りのディス

カッションの中でこのことをコメントしたが、スーは絵を描いているときに「わけがわからなくなってしまった」ときまり悪そうに言った。さらに彼女は《スナップ・パス》のときに、パートナーが彼女に回したのに気づかなかったことが2度あり、また回すときにアイコンタクトをしなかった。その日の後で《それが好きなところは》をしたとき、最初に「それが好きなところは」と言わずに、トースターに特徴を付け加えた。チームメイトが彼女の間違いを指摘すると、彼女は説明を十分に聞いていなかっただけでなく、前の人のアイデアも聞いていなかったことを認めた。その後のディスカッションの中で彼女は、自分は簡単にはコントロールを手放せないことや、他人の話を聞いていないことに気づき始めていると、率直に打ち明けてくれた。これはMDP初日の午後のことである。3日目までに、彼女はまだコントロールを分かち合うことや傾聴することに苦労していたが、この新しい行動に意識して取り組み、時にはうまくいかなかったことを同僚と笑い合っていた。

　心理的に安全な風土には、もうひとつの利点がある。それは参加者が、自分の弱点、例えば押しの強い指図がましい部下にフィードバックするときの恐れや、感情の爆発にうまく対処できないなどの欠点を自己開示した時に、自分を非難したりせず助けてくれると信じてよいかどうか悩むことなく自由に学びの時間を現実のマネージメント問題を掘り下げるために活用できることだ。この安全さ、そしてゲームから生まれる笑いによって、通常参加者の間に強い絆が生まれ、この絆はプログラムを終了しても継続することが多い。これが濃密な3日間のプログラムであり、参加者は、自分が全ての時間にずっと熱心に関わり続けたことに驚いたとコメントすることもよくある。

　ファシリテーターにとっては、応用インプロのアクティビティは、参加者がどうアクティビティに取り組んでいるかを観察することで、どの参加者が具体的にどういうリーダーシップの課題に苦労しているかを知る機会となる。《スナップ・パス》をもう一度見てみよう。ときおり、見ている方向とは別の人に指パチンを回して周りの注意を引き（わたしは賢いでしょ）、混乱を引き起こしている参加者がいる。わたしは、この人はチームよりも自分自身に関心があり、おそらく注目を浴びたいのか、新しいことをしてみるのに居心地が悪いのだと推測するだろう。後のディスカッションやアクティビティを彼がこの課題に取り組めるように強化するか、何か指導をするかもしれない。後で彼と1対1で会って、わたしの見たことを話し、手助けの方法を探るかもしれない。

　応用インプロを導入するもうひとつの利点は、参加者の注意力が低下してきていると感じたら、テーマが何であっても、立ち上がってもらい、とても簡単にア

クティビティに集中してもらえることだ。応用インプロのアクティビティやインプロの原則はまた、ファシリテーターも含めて全参加者が自分自身の学びのリーダーになるよう導かれているという感覚を作り出す。そして、協働でファシリテートするとき、同僚が「あなたが素敵に見えるよう」尽くし、自分も同じことを同僚に行うことは大きな喜びとなる。

　トレーニングセッション後、何ヵ月か、あるいは何年かして参加者から突然フィードバックをもらい、このように言われることがよくある。今でも空き部屋を見つけて、難しい対話をリードする前にスーパーヒーローのポーズをとっています、パートナーを攻撃するようにならないように意識しながらも、言いたいことをはっきりと主張することを楽しんでみると、仕事上でどれほど攻撃的だったのかがわかりますなど。多くの参加者が、自分たちのチームと同じアクティビティを行っており、朝の打ち合わせに《スナップ・パス》を取り入れた店舗が1つ以上あると聞いている。「それが好きなところは」のようなフレーズがサービス提供の場では当たり前になっている（それを皮肉として使うくらいまで―― こう言っては価値を貶めてしまうだろうか？）。フィードバックの中には、ティファニー社が人材開発にこれほど時間と精力を投資していることへの賛辞もある。そしてMBAの取得者が、MBAプログラムよりもこの3日間の方が、より自分自身について、人をリードすることについて学べたと言うのを聞くと、いつも嬉しくなる。

ティファニーの現在

　過去5年間、応用インプロはティファニー社の4つの中核のリーダーシップ開発プログラムのうちの3つ、そして「小売業でのリーダーシップにおける卓越性と多様性のためのティファニー・アカデミー」という名称の18ヵ月のローテーション・プログラム、さらに財務・人事・流通と他事業部向けにカスタマイズされた取り組みの中に組み込まれている。結果として1000人近くの社員が、インプロのゲームと知っているかどうかに関係なく、仕事の場でインプロのゲームを経験したことになる。

　わたしの期待は、リーダーたちが、この経験を活用し、陰に陽に同僚たちに影響を与え、同僚たちが思い切って弱みを見せて、ストーリーや仮説を共有するようになること（ありのままの自分でいる）、協働で問題を解決する方法のモデルを提示すること（与えられたものから創り出す）、そしてそれがふさわしいときに

は、失敗から学ぶことを祝い、降参して手をあげて「ヤッター」と声をあげること（失敗を贈り物として扱う）を期待している。わたしはこのような影響を受けた、今の12000人のティファニーの社員があらゆる企業が直面する課題をより良く方向づけ、さらに多様性を受け入れ、包摂の精神を育み、異文化コミュニケーションを向上させ、究極の顧客経験を作り出し、同僚を成長させ、外部の経済課題に機敏に適応できると信じている。すべては「イエス・アンド」と言うことから始まるのである。

6

アクション！
── 即興演劇を通したエグゼクティブの変容 ──

テレサ・ノートン

　入場料を払った観客の前に立ち、その場で、台本なしで、仲間と共にストーリーを創るインプロバイザーの勇気を想像してみてほしい。これはまさに、ビジネスリーダーが日々の会議や業績評価、クライアントとの商談で行っていることだとわたしには思える。1990年代後半、わたしは演劇人としての経験から得たツールを使い、香港でトレーニング・プログラムを開発・開始した。しかし企業のエグゼクティブが演劇人からコミュニケーションを学べるのだということを、人事マネージャーたちに納得させるのは容易ではなかった。

　トレーニングを売り込むにあたっては、アメリカ人俳優・教師のサンフォード・マイズナーのテクニックである「行動のリアリティ」が非常に役立った。もし「演じるということが、想像された状況において、真実に生きること」だとしたら、エグゼクティブが仕事のリアルな状況において、より効果的な形で「演じる」という行為も練習ができると気づいたのだ。わたしは自分の俳優・演出家・脚本家としての経験を使って、「リーダー」という役柄を担うエグゼクティブの支援ができると確信した。そしてこれまで、25年間にわたり、職場でエグゼクティブが、より感情的に知的で示唆に富む思考をもち、ダイナミックな行動力を発揮するための支援を行ってきた。

　個人的に支援を求めてきた何人かを除き、ほとんどの人は、企業の人材開発部門からの依頼である。一般的な要望は、リーダーシップ・スキルの育成だが、もっと個別・具体的な依頼もある。例えば、利害関係者への影響力、プレゼンテーション・スキル、堂々とした振る舞いのしかた、チームメンバーを魅了する方法、コミュニケーション・スタイルを聴衆に合わせる方法といったものだ。

　クライアントと月2回行う90分のセッションは、演出家と俳優の関係に似ている。通常は9回の対面形式で、さまざまな演劇のエクササイズを使い、コミュニ

ケーションにおける問題を克服するために、さまざまな戦略・方法を探求する。もっとも効果的ないくつかのツールは、インプロから学んだものだ。それによって現実生活のやりとりを再現し、リーダーの役柄でいるときにもっとも自然と感じることと、もっとも効果的に表現することとのギャップを見つける。インプロのエクササイズは基本的にゲームなので、リラックスした環境を作るのに役立ち、クライアントが新しい行動の練習をするときに効果的である。途中で止めて、クライアントにフィードバックをすることもできる。

　クライアントがわたしのオフィスに来ると、手工芸品や演劇のポスターが飾られ、絨毯が敷かれた舞台に招かれる。そこには二脚の背もたれのついた椅子があり、南シナ海が見渡せる。紅茶やコーヒーと共に、クライアントが事前にオンラインで行った「職場の5つの精神測定アセスメント（ビッグ5）」の結果をレビューすることから始める。[1]これはこの仕事に活用できた唯一の性格プロファイリング・ツールだ。性格と行動の違いを理解するためのツールであり、演出家／俳優アプローチの土台となっている。このツールは個人の性格を知る入り口として、詳細で深い研究にもとづいており、世界的に認知されたものである。これによってわたしは、職場でクライアントがどのように受け止められているかという点と比べながら、クライアントの内面の働きを見ることができる。さらに、ストレスに対する本能的な反応はどこに出るか、他者を受け入れる度量はどの程度あるのかを、クライアントと一緒に見ていく。ストレスは、リーダーとしてのパフォーマンスを妨げる行動として現れるかもしれない。「ビッグ5」のスコアに従って、これまでどんな目標が設定されてきたかをディスカッションする。時には、クライアントの上司にも協力してもらう。さらに、クライアントの標準的な行動傾向はどのようなものか、また、その傾向がどのように職場での問題を引き起こすかの関係も明らかにする。

　わたしはコーチング・プロセスの中で、まるで自己認識を耕す園芸道具のようにインプロのゲームを使う。ミーティングから明らかになったクライアントのコミュニケーションの課題に応じて、同僚への協力に気が進まないことを明るみに出すゲームや、よりオープンな考え方を促すゲームを行うかもしれない。もしクライアントが同僚とうまくいっておらず、その原因が他者の視点を受け入れたくない点にあることがわかったら《リメンバー・ザ・タイム》（エクササイズ集6.1）といったシンプルな《イエス・アンド》のゲームを行う。これは穏やかな形で、自分と異なる考え方に対する反感を暴いてくれる。

　インプロのゲームを紹介するときは、クライアントがどれだけやる気があるか、リスクを負う気があるか、新しいやり方にどれだけオープンであるかを評価する。

この評価は、どうしたらクライアントとベストに関われるかを教えてくれる。クライアントのインプロ・ゲームに対する反応と、「ビッグ5」から特定した行動とが相関しているのを見るのは興味深い。例えば「ビッグ5」において信頼度が低い、心配度が高いという結果だった場合、しばしばゲームの中で、パートナーをコントロールしたいという欲求やリスクを負うのを躊躇する行為が現れる。

　もっともよく使うインプロ・ゲームのひとつは《もっと詳しく／続けて》[2]である。この素晴らしいツールは、コーチングに幅広く応用できる可能性と、クライアントの持って生まれた行動の変化を支援する力があり、スイスのアーミーナイフと同じくらい有用だ。ここでは、このゲームを使ったなかでの、2人のクライアントの学習を紹介する。また、クライアントにとって鍵となる行動を強化するのを助け、これまでのやり方よりもっと効果的な新しい選択をする練習ができるようにするため、外部の俳優をいつ、どのように投入するかについても述べる。

《もっと詳しく／続けて》

　やり方はシンプルだ。ペアになって、1人がある人物・場所・ものごとなどについて本当の話を語る。**聞き手**は「もっと詳しく」と言って、いつでも話を止めることができる。こう言われたら、語り手は話を中断し、語っている人物・場所・ものごとなどについて、できるだけ詳しく描写しなくてはならない。**聞き手**は好奇心が満足したら、「続けて」と言い、**語り手**は話を再開する。このゲームを紹介するときは、自分がした旅行について話をするように、クライアントに依頼する。仕事とは関係がなく、楽しく思い出すことができて、自分に何かを与えてくれた休日を思い出してもらう。クライアントは**語り手**となり、次は**聞き手**になる。複雑なルールはない。このゲームは、コミュニケーション・スキルにとても効果がある。

　クライアントのひとりで、予算管理の責任者だったレオは、賢く、批判的思考に優れた人物だった。しかし仕事では受け身で用心深すぎて、リーダーとしての存在感に欠けているという印象を与えていた。われわれが焦点を当てたのは、彼がリラックスして、受け身の姿勢から脱皮し、上司・同僚・部下に対して、より示唆的で活力に満ちたリーダーとしての自分をアピールすることだった。

　しかしアジアにおいては、積極的に行動すること、特に上司に対してそのような態度を見せることは、アメリカよりも少しややこしい話になりかねない。香港では、広東語でこんなフレーズがある。「父親の話は決して遮るな」。これは自分

よりも年上の人、例えば親・上司・教師・顧客などの話を遮ったり、反論したりするのは失礼であることを意味している。

　最初のセッションで、レオは《もっと詳しく／続けて》を行い、自分も上司も居心地悪くならずに、上司の考え方を詳しく知る方法を探った。彼が家族の休日について話をし、わたしは話の何かを「もっと詳しく」話すよう頼んだことに彼はどのように感じたかを尋ねた。彼は言った。「聞き手が興味をもってくれたことを、自分も共有できたことは気持ちがいいですね」。ほとんどの語り手は、聞き手が好奇心をもって、もっと知りたいと言ってくれれば、詳しく話すのを楽しむものである。そして役割を交代して、わたしが話をして、彼が「中断する」役割にまわり、「もっと詳しく」そして「続けて」と頼んだ。それから、われわれは、仕事の状況でも応用できる「もっと詳しく」のさまざまな言い方を思いついた。「○○についてもっと話していただけますか？」「○○についてもっと知りたいのですが・・・」「○○を知ることに興味があります」。

　2回目のセッションでレオは、新しく学んだ「もっと詳しく」のコメントをする機会を探し、同僚に試しに使ってみたと言った。われわれは、財務部長としての彼自身のテーマについての考えを含めることのできる質問の方法を探った。われわれはこんな質問を思いついた。「これが予算にどのように影響するか、もう少し話してもらえますか？」「わたしは、あなたが投資からのリターンがいつ得られると考えているかを、もっと知りたいのです」。レオは、これらの質問が自分の仕事に役立つことがわかり、こうした探求が《もっと詳しく／続けて》の基本原理を現実の生活につなげるのに役立った。レオについては、この章の後半でさらに述べる。

　別のクライアントのウェンディは、レオとは異なり、自分の考えを伝えることに問題はなかった。ウェンディは経験豊かなシニア・マネージャーで、自らも認める完璧主義者だった。仕事場の彼女は、批判的・支配的で、気難しく、要求が厳しく、細かい管理をするマネージャーという評判だった。彼女はチーム・ミーティングで、部下に指示を与えるときに、部下が質問したり、考えを共有したりする機会をほとんど与えなかった。

　わたしとの4回のコーチング・セッションの後、ウェンディは自分の振る舞いと細かい管理の傾向が、どのように他者に影響を与えているかについて自覚し始めた。わたしは、彼女が**自分がやりたい方法**から**必要とされる方法**へと考えを変えつつあることがわかった。ウェンディは、自分のチームが何をやり遂げる能力があるのかに認識を向け始めた。わたしはこのタイミングをうまく使って、チームの立場に立つことについて、彼女にもっと考えてもらいたいと思った。

わたしは彼女に、ビジネス・スクールでリーダーシップ開発のワークショップを行ったときの話をした。このセッションをリードしていたわたしの相方は、《もっと詳しく／続けて》における**聞き手**の役割を、70人すべての参加者に広げた。それぞれの人が赤と緑のカードを持ち、説明を欲しいとき（もっと詳しく）は緑のカードを掲げ、一方長々と説明していて次に進んでほしいとき（続けて）は、赤のカードを掲げるようにした。

　ウェンディはこの考えを真剣に受け止めて、彼女のチームに赤と緑のカードを配った。次のセッションで、このカードがチームに発言をする機会を与え、メンバーの意見を組み込むタイミングを教えてくれたと報告した。彼女が会議をリードしていて、次の四半期のマーケティング・プランの概要を説明していたとき、彼女のチームの1人が恐る恐る緑のカードを上げた。これが他のメンバーの刺激になり、同じようにカードを上げた。チームのメンバーは、店舗のひとつの方向性を変えることについて明確に知りたいと考えて、その必要性を威圧的でない形でウェンディに伝えることができた。彼女は、メンバーが実際にカードを使ったことに驚き、これが彼女にとって目を覚ますサインとなったと語った。これまで彼女は情報を共有するよりも、「一方的に話していた」が、チームには自身の質問や考えがあったことに気づいたのだ。

　次に会ったときウェンディは、コミュニケーションのブレイクスルーを可能にしたのはカードだけではないと言った。これまで2ヵ月にわたって、彼女は積極的にチームを観察し、聞き、以前よりも意図的にやりとりをしていた。常に成功したわけではないが、少なくとも彼女がより建設的に熱心に関わろうとしていることを、チームは理解していると彼女は感じていた。ウェンディは自覚的になり、結果として、俳優の「第三の目」、つまり演技しているときに自分自身を観察しながら、同時に観客に対する自分の影響を認識する力を開発したのだ。

　ウェンディとの6ヵ月にわたる9回のセッションの最後に、今までのまとめとして、その中で見えてきたこと、そしてリーダーシップのスタイルにおいて彼女が起こした変化について語り合った。彼女の外向性と完璧主義という生来の性格は今後も継続する課題ではあるが、彼女が「よく進歩した」ということに、われわれは合意した。別れるときにわたしは、コーチング期間の中で、もっとも有用だと感じたツールは何かと尋ねた。彼女は躊躇なく、《もっと詳しく／続けて》だと答えた。「わたしはあれを常に使っています」。わたしは彼女の言葉に対して「もっと詳しく」とも「続けて」とも言わなかった。ただ「素晴らしい！」と言った。

演出家の立場からコーチングする

　わたしはクライアントと行う9セッションの途中と最後に、外部のインプロバイザーや俳優とのロールプレイを行う。クライアントは、もっとも大変な会話が再現される状況の中で、セッションから学んだ技術や洞察を実践に移してみることができる。これは、クライアントにとってさまざまな応答のパターンを探り、自分が他者からどのように受け止められているかについて、俳優たちからのフィードバックを聞く効果的な機会となる。

　わたしはクライアントとのセッションを、俳優に、彼が演じる実際の登場人物について、会話の文脈について、そして他の関連する背景情報について説明することから始める。またクライアントに、登場人物のクセや口癖、そしてパートナーがどう反応すると思うかの見通しなどを説明するよう促す。

　即興的なロールプレイを成功させるために重要なのは、わたしが責任をもって、安全な場を創ることだ。わたしはいつもこう言って始める。「うまくいかないことは何でも贈り物です。それは新しいことを試す機会なので、意思決定の可能性のパレットにある別の色を試す余地を与えてくれます。」俳優がいくら寛容でオープンでも、クライアントにとっては初対面の人物であり、いつものコーチング・セッションの親密さからは離れることになる。

　信頼感が生まれて、お互いに十分な情報を得たと俳優が感じたら始める。まずわたしがクライアントに、このやりとりから何を得たいかを尋ねる。もしこれから行うシナリオが、自分の期待に応えない部下に関するものである場合、わたしは次のように質問して、少し探索するかもしれない。「この会話の始まりから、この部下が理解する必要があるのは何ですか？　なぜこの部下が期待はずれなのか、理解したいですか？」

　俳優がやってきてクライアントと即興劇をするよいところは、わたしの積極的な参加者／仲間のインプロバイザーとしての役割を、演出家のそれに切り替える機会をもてることだ。演出家として一歩下がってクライアントの進歩を評価し、やりとりをもっと効果的になるよう支援することができる。わたしの焦点はいつもクライアントにあり、俳優を観察することで見つけた言語的、非言語的な手がかりにもとづいて、どのようにやりとりが進行しているかに注目する。

　演出家としての鍵となる役目は、やりとりが間違った（もしくは正しい）方向に進んでいると感じたときに、演技を止めることだ。わたしはシーンを止めて、

俳優に、演じている人物として何を経験しているかを尋ねる。その場のフィードバック、例えば「彼女が、わたしに何か説得しようとしていると感じました」「彼が言おうとしていることのポイントが理解できません」「彼は何かワナみたいなものを仕掛けているように感じます」などは、率直にクライアントが異なるアプローチを探る機会として受け取られる。インプロの用語で言えば、クライアントは「イエス・アンド」のフィードバックを得る機会となる。これへの対応は、ボディ・ランゲージの変化であるかもしれない。例えば、もたれかかる、深く座る、メモをとる、意識的にアイコンタクトをもっと増やす、減らすなど。もしくは言葉の選択についての実験をすることもできる。より簡潔にする、質問する、はっきりと答えるなど。声のトーンやペースも同じように評価され、わたしはクライアントに、攻撃性を抑えて、ゆっくり話して、話を中断して、パートナーの話を中断するのをやめて、などと促す。

　特にクライアントが適切な言葉やトーンを探そうと苦しんでいる場合は、わたしのクライアントへのフィードバックをすべて聞いている俳優に、クライアントの役割を替わって演じてもらう。クライアントにとっては、パートナーの席に座り、パートナーの視点から会話を聞くユニークな機会となる。ここで伝えておく必要があるのは、一緒に仕事をしている俳優たちは、才能があり、感受性豊かで、企業文脈のロールプレイの経験のある選ばれた者たちであり、ロールプレイは決してパロディにはならないということである。むしろこの本物のロールプレイは、わたしのアドバイスがどう具体化できるか、異なるアプローチで確認することのできるユニークな機会なのである。そして、効果的に、クライアントにとって明確に「難しい」と感じていた人物の席に座って、その人の視点から会話を聞くことができる。

　これは真実味があり、効果的なアプローチだと実感できたら、クライアントに自分の役割に戻ってもらい、少なくとも2回、このシーンを行う。固定された台本はなく、シーンは即興なので、毎回少しずつ変わる。しかしリハーサルを通して身につける身体の記憶は、クライアントが「現実世界」に戻って、難しい会話に入っていくための自信を得る、とても価値あるものなのだ。

　俳優に感謝を述べ、俳優がその場を離れた後、わたしはセッションの最後の20分を使って、クライアントと今回の経験について話す。例外なく、この経験は力を与え、洞察に満ちたものとなる。これらのシミュレーションは、肯定的な成果を保証するだろうか。いや、保証はできない。しかしクライアントが、プレッシャーの中でその場で自分の振る舞いを調整できるという気づきを得るよう助けることはできる。これは、即興のロールプレイがもたらすものだ。

レオの俳優との経験

　先ほどクライアントのレオについて触れた。われわれのゴールは、彼が同僚に
リーダーシップを発揮する際に、自分を楽に提示できるようになることだった。
外部の俳優を招き入れれば、よりリーダーらしく見える振る舞いを練習する機会
となり、同時に、彼の受け身の傾向が他者からどのように受け止められているか
を理解するのに役立つとわかっていた。

　俳優がレオの上司である社長を演じた最初のロールプレイの間、レオは自分に
忠実に、じっと静かに座り、熱心に聞いていた。その間、会話を支配していたの
は俳優だった。数分経っても、会話に介入しようとするレオの積極的な努力が見
えなかったため、わたしはシーンを中断し、俳優に、社長として何を感じている
かを尋ねた。俳優は「レオはわたしとのミーティングに参加していないように思
う」と答えた。

　わたしはレオに対して、次のような提案をした。俳優が話しているときにメモ
を取る。合意しているときにはうなずく。何か付け加えたいことを示したいとき
には、身体を前傾させて息を吸い込む。そしてシーンを再開した。俳優は、レ
オが何か言いたそうだと気づいたとき話すのを止めた。さあ始まりだ！ レオは、
われわれが練習してきた《もっと詳しく／続けて》のフレーズを使った。俳優は
話題について、話を広げた。レオは質問を差し挟み、それが2人の間の議論を引
き起こした。突然、その会話に勢いが生まれた。結果は変容をもたらすものだっ
た。レオは自分の意見を述べ、会話の中に効果的に差し込んだ。ロールプレイは
あくまでも練習なので、うまくいく状態になったら、そのシーンを同じように繰
り返すよう頼む。繰り返す中で、おのずから即興の会話はいくらか変化するが、
クライアントも俳優もわたしも自分たち3人が何を求めているかを理解するよう
になる。この経験は、全員にとってウキウキするものだ。

　90分のセッションのまとめとして、俳優に対して、社長としての感想を尋ね
た。「自分の考えをミーティングで誰かに聞いてもらっている感じでした。しか
し今は、彼が自分の考えをもっているように感じます」。セッションを終えて帰
ろうと立ち上がった俳優に、レオはテーブルを回って歩いて握手した。レオの足
取りに、明らかな弾みがあることに気づいた。わたしが彼のパフォーマンスにお
祝いを言ったとき、彼はとまどった。しかし即興のロールプレイにおける彼の成
功は、彼の何か重要なものを作動させたことに疑いはなかった。レオに再会した

とき、彼は学んだことを仕事に取り入れ始めていると言った。もはや彼は、椅子に深く座り、上司に一方的に話させたりはしなかった。その代わり会議では、前のめりに座り、先を読んだ提案を行い、チームの動きに積極的に貢献するようになった。

まとめ

　9回のセッションだけのクライアントもいれば、何年も取り組んできたクライアントもいる。クライアントとは1対1の形ではなく、人事担当者と一緒の形や、グループで取り組むこともある。世界最大の不動産開発のある企業の場合は、一度に7人のリーダーたちのグループとの取り組みだった。このコーチングは次々と何年にもわたっているため、上司たち自身も同じプロセスを通っており、行動を変えるこの挑戦を高く評価し、目的のためにわたしが用いる多くのツールに慣れ親しんでいる。こういった「卒業生」は、現在のクライアントたちが職場に戻って新しいスキルを試みるのを支援している。この会社の社長は、このワークショップとそれに伴うリーダーシップ・チームの反応に非常に協力的で「同窓会」を作るよう勧めた。同窓会は、新たな卒業生が生まれるに従って大きなグループとなり、学びと共有を継続している。

　わたしのすべてのコーチングの焦点は、職場における関係性である。わたしはセラピストでも心理学者でも人生を扱うコーチでもない。しかし演劇を基盤としたアプローチの、変革的な効果を見てきた。そして、クライアントの家族・パートナー・友人たちとのコミュニケーションさえ変えたと知らせてもらっている。

　わたしは演劇の力を通して、クライアントの成功に貢献できたことに、とても感謝している。即興は舞台の上でも外でも、理論を実践するツールであり、振り返りを通して自己認識を高め、より協力的な関係性を築き、自信と明確さをもってコミュニケーションする力を高めるために使うことができる。職場における相互作用は、言ってみれば一連の即興であり、習慣的な反応に縛られずに、自覚的に多様な反応を応用するよう学ぶことによって、仕事において、そして限りある一度だけの貴重な人生というストーリーを紡いでいく上で、より貢献できるようになるのである。

7

金魚と金魚鉢
—— 協働的知性を解き放つ冒険 ——

ジュリー・ハファーカー & カレン・ドーソン

応用インプロにおける大きなシフト

　われわれは20年以上にわたって即興演劇のツールを使い、クライアントの行動の変容を支援してきた。他者に深く耳を傾ける、大胆なオファーをする、コントロールすることを手放す、注意を広げるなど行動の方法だけを学ぶことができればいいと・・・。確かに、これは職場に戻ったときに、職場での共同作業や創造的な人間関係をサポートすることになると思っていた。だからここで行った態度は、職場ではうまく機能しなかったとクライアントたちがしばしば言うのは、納得のいくものだった。今までとは異なる関わり方や交流のしかたによって、異なる結果を得るためにわれわれを雇ったのだから。インプロの魔法のひとつは、やったことのない人でもとても敷居が低く、すぐにできることだ。しかし、セッションを終えた直後は熱くなっていても、現実の世界に戻り、時間が経つと元のやり方に戻ってしまい、クライアント（もしくはわれわれ）の目標が果たされることはほとんどなかった。われわれの意図はいつも、永続的な変化を引き起こすことであったのに。

　われわれの大きな変革は、どんな創発的なシステム（Lichtenstein 2014）においてもそうであるように、インプロにおいて、システム要素の**相互作用**こそが、部分の寄せ集めより大きな全体を創造できるという考えから起こった。われわれが教えていた行動習慣は、システム全体の要素のひとつにすぎなかった。

　もしわれわれが行動の訓練を超えて、システムの要素の**間**の生きた相互交流に焦点を合わせたら？　**行動**だけでなく、その背後にある**信念**、そしてゲームを形成する**構造**までも含めたら？　ここでの「行動」とは、オファーを受け入れる、

もっと気づく、大胆に振る舞う、解放する、素晴らしい点を見て互いを支え合う、といったインプロの行為を意味する。「信念」とは、インプロのプレーヤーが舞台上に持ち込む、「互いにサポートし合う」というような心持ちである。ゲームを形成する構造とは、例えば《ワンワード》において一語だけ追加していくというような、参加者の活動を支援しかつ制約するルールを意味する。われわれは応用インプロを行うにあたり、これまではこうした要素間の相互作用に焦点を当てたことがなかった。しかし今では、これを可視化して、それらが交わるところに意図的に働きかけている。

　チームのメンバーを金魚に喩えるなら、自分たちを組織化しているものは金魚鉢といえる。興味深いことに人間は、自分たちがそれを作るのに参加していることはもとより、自分がどんな金魚鉢の中で泳いでいるのかもほとんど知らない。現在のわれわれの焦点は、参加者が自分の金魚鉢を見ることを支援し、できるだけ意味のある金魚鉢を意図して作ることにある。

　以下に1日のワークショップの概要と、日常の組織的な世界に応用インプロを活用する方法を説明する。その後、ワークショップの主要素についての詳細な説明を行い、最後にわれわれが抱えている現在の喫緊の課題で締めくくる。

1日ワークショップにおける「金魚と金魚鉢」

　このワークショップでは、3つの要素を組み合わせた体験を提供する。まず、人々が自分の金魚鉢を見ることを支援することから始める。第二に、参加者の知っている組織の世界から大きな一歩を踏み出す協働的リーダーシップの文化を直接体験してもらう（ここにインプロを用いる）。振り返りを通して、リーダーシップを可能にする考え方・行動・構造を可視化する。第三にこれらの考え方・行動・構造を具体的にビジネスに当てはめるのに役立つ日常的なツールを紹介する。

　われわれは1日を6つの異なる段階に区分する。「学習するコミュニティを創る」、「われわれの視点を提案する」、「新たな働き方の経験をキュレートする」、「経験を現実世界に移す」、「違いを生むサンプルツールで練習する」、最後に「（新しいツールを使って）お互いをサポートして、経験を仕事に活用する」である。参加者たちはこの過程が愉快で、挑戦的で、深く個人的なものだ（副次的に純粋な楽しさももたらす）とコメントしている。手短に、午前8時30分から午後5時までの1日の構成を述べる。

学習するコミュニティを創る：参加者が到着すると、ファンキーな音楽が流れ、その日の活動スケジュールを示すカラフルな図表が掲げられており、椅子が半円状に置かれていて、それぞれの椅子の上には記入用ノートが乗っている。温かい歓迎の後、「あなたのもっともおかしな親戚について話をする」というエクササイズから始まり、「"だからわたしはこのワークショップに申し込んだんです！"というセリフで終わる、自分の人生についての1分間ストーリーを話す」まで、矢継ぎ早にエクササイズを行う。そしてすばやく名前を言うゲームで、参加者がお互いの名前を覚えようと努力し、失敗が罰されずに認められることに歓んで、時々大きな声で「失敗イェーイ！」と言いながら、身体がほぐれていくのを見守る。そしてプレイが始まったのと同じように、すばやく静かな内省とノートに書く作業に移り、組織の変化についての緊急課題を掘り下げ、実際の仕事の課題をお互いに語り合う。

われわれの視点を提案する：10分以内の講義で、「軸と矢印図」（図7.1、詳細は97頁参照）を示し、ジョージ・ボックス（Box 1979）の「すべてのモデルは間違っているが、いくつかは有用である」という話をして、このモデルはかなり有

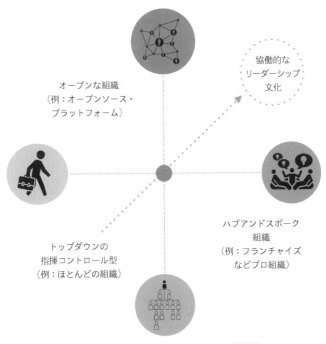

図7.1　軸と矢印モデル —— 組織の4つの金魚鉢

用であると伝える。

　参加者に、隣の人と身を乗り出し合って、「軸と矢印のモデル」がどのように自分たちの世界とつながっているかを探求してみようと言う。これにより場があたたまってきて、参加者自身の組織についての活発な話が飛び交い始める。モデルの右上に記載されている協働的リーダーシップ文化を、実際にどうやって創造するのかについての質問が飛び交いだすと、参加者たちの会話を中断するのに苦労するほど盛り上がる。こうしてわれわれは参加者からの注目を一身に集めるが、これはまだ午前9時40分になる頃である。

　新たな働き方の経験をキュレートする：ここでわれわれは、一部の参加者が「爆弾」と呼ぶものを繰り出す。これから行われる経験は、それを足場にして、真に変わるという挑戦につながるのだと約束した上で、ここでビジネスの世界から大きく離れると説明する。「情熱的に一貫して一緒に、図で言うと右上の方向に向かおうとしている人たちがいます」とわれわれは言う。そして「そのグループのひとつが、演劇のインプロバイザーたちです」と言う。さらに、約2時間後に30分の即興のショーを見るために、観客が到着すると伝える。そして「あなたはそのショーに出演する俳優です。ショーがうまくいく基準は、観客があなたの演技に喜んで、自分の席から身を乗り出すことです」と告げる。驚きに息をのむ音、ひそめた眉、驚愕の表情、「冗談だろう」という呟きが一気に噴出する。

　われわれは、素晴らしい同僚であり、世界でもっとも優れたインプロ・コーチのひとりでもあるジェス・リーを紹介する。ジェスはよく通る自信に満ちた声で、あなたたちは2時間のうちに、見事に演じるために必要なすべてを持っているだろうと確約し、その支援をするために自分がいるのだと言う。彼女はやや激しさを交えて「さあ始めましょう」と言い、参加者のあらゆる疑問や気持ちをあたたかく受け入れながら、インプロの筋肉をすぐに作るエクササイズとスキルの練習を通して、インプロの実際を紹介する。ジェスは矢継ぎ早にサイドコーチングを行い、間近に迫るパフォーマンスにひたすら集中して、機敏にインプロの実践を行い、必要なことは寛容なインプロのアンサンブルで、共に創るためにはプレーヤーたちが互いに関わりサポートすることだとはっきり言う。ショーは30分以内で、4つのパフォーマンス・ゲームで構成されており、全参加者が少なくとも2つのゲームに出演する。

　今まで行ってきたすべてのワークショップで、参加者は自分の（そしてお互いの）パフォーマンスをする集団的な能力に驚く。招待された観客（チョコレートに釣られてきた友人や同僚）は大声で称賛し、深く勇気のある学びを目撃していることに喜び感激する。

経験を現実世界に移す：１日の「大転換」は、おいしいランチの後に起こる。参加者に経験したばかりの共通体験を話し合うようにと促す。ノートを手にして、参加者たちは少しの間、沈黙して振り返る。自分の経験はどのようなものだったか？　どのように感じたか？　どのように互いが関わり合い、パフォーマンスを共に創ったか？　一緒にうまくパフォーマンスができるようにと、ジェスは何をしてくれただろうか？　ゲームの構造（ルール）は、大胆になり、解放的になった。よりたくさんのことを気づかせるために、ジェスはどのように促していたか？　参加者たちが振り返りを共有した後（しばしば感情が高ぶる）、「軸と矢印モデル」に戻ろうと言う。

　ここでようやく機が熟し、インプロの考え方・構造・行動の間の相互の関係という３つの要素が、インプロ・パフォーマンスにどう統合されていたかを可視化するときがやってくる。ここでのワークショップの基になっている大きな狙いとしての考えは、この関わり方——今まさに一緒に経験した魔法——は、組織でも実際に実現可能だという提案である。われわれは残りの時間で、行動・構造・考え方の統合的な関係性を見ていく。心を込めて意図的に取り入れると、実際の仕事をするために自分自身を組織化する方法を変えるのに役立つため、とても現実的な変化の課題に、皆で一緒に飛び込むことになると約束する。

　違いを生むサンプルツールで練習する：われわれは、独創的な実践者アンリ・リプマノビッチとキース・マカンドレス（Lipmanowicz & McCanndless 2013）の素晴らしいワークに出会えたことを感謝している。アンリとキースは、彼らが解放構造[訳注]（liberating structure：LS）と呼ぶファシリテーション構造のツールキットを提供した。このワークショップで紹介するLSには、インプロのエクササイズと同様「ゲームのルール」がある。この構造の多くに共通するルールのひとつは、話すためにパートナーの方を向く前に、参加者が１分間無言で言いたいことを書くというルールである。簡単なルールだろうか？　確かに。このルールでグループの挑発的な質問に対する反応のしかたが変わるだろうか？　そのとおり。この場面でもっとも重要なのは、われわれのファシリテートという役割を、参加者たちにすばやく引き渡すことである（この構造はファシリテートしやすく、実行しやすい）。参加者たちは全身で取り組む。参加者たちはこの構造を、共に新しいやり方を実行するために工夫された新しく共同的な学習コミュニティ（金魚鉢）の中で、変化についての非常にリアルな疑問を試すためのものとして捉える。われわれの意図は２つある。まず、LSとインプロの経験（そしてこの構造がもたらす行動）とゲームのルールとの間に共通性があるという気づきが生まれることである。次に、仕事の場に戻っても協働的な知性を解き放つことのできる金魚鉢を、

たやすく創り出せることを例証することで、LSを使ってファシリテートすることへの確信を養うことを狙っている。ここは参加者にとって、意味のある転移がもっとも起こる時間だといえる。

　お互いをサポートして、経験を仕事に活用する：1日は「トロイカ・コンサルティング」と呼ばれるLSで終わる。このLSは、自分自身が変化するための挑戦を明確に創り、より効果的に前進するための方法を提供するものである。参加者は、自分たちの「新しい構造」を試す状況を見つけるという明確で前向きな次のステップを得て出発する。

われわれが想定していること

　今日の組織は、急速な環境の変化に直面している。いかなる産業やセクターにおいても、形態や規模にかかわらず、ひとりの思想家や意思決定者だけでは解決することのできない複雑な問題に直面している。地理的な問題・市場変化のスピード・技術の進歩・透明性向上の要求が絡み合って、組織の在り方は変化が求められている。若い世代はこれまで以上に良い教育を受けている。そして意味・目的・価値にもとづく組織を求めており、その中で貢献し、学び、成長したいと思っている。われわれの考えでは、これらはすべて、組織がそれ自身の新しい在り方を模索しながら、新しい考え方・行動・構造へと成熟させるものである。新しい協働リーダーシップ文化を創り出すために、協働的知性を解き放つことは、注目に値する。

リーダーシップは、人々の間に起こるプロセスである

　われわれは「リーダーシップ」を、権力を持つ個人やその行動とは定義しない。むしろビル・ドラスたち（Drath et al. 2008）にならって、方向性（われわれが向かうところ）、調整（前進できるように仕事をうまくまとめ上げる方法）、関与（個人的利害を超えて共通の目標に鼓舞され続ける方法）を生み出す関係的、社会プロセスであると定義する。

　心理人類学者バーバラ・ロゴフ（Rogoff 2003）にならって、われわれは「文化」を、グループが大事にする共有目標を追求する方法と定義する。この定義は、文化が個人に影響を与える一方で、個人もまた文化に影響を及ぼすと仮定する。

組織のリーダーシップ文化は、組織のメンバーが連携して方向性・調整・関与を創り出す共通の方法として定義することができる。

新しい金魚鉢を見て、体験して、創造する

　ワークショップでは前述のように、中核となる経験に3つの要素を組み合わせる。(1) 自分たちの金魚鉢を見ることを支援する。(2) 真の協働的リーダーシップ文化を身をもって体験し、最後に (3) これらの考え方・行動・構造を、実世界に直接応用するために役立つツールに触れさせる。以下では、各要素について詳細に説明し、これらを組み合わせることでどのようにパワーが解き放たれるかについて説明する。

1. 自分たちの金魚鉢を見るのを助ける ── 軸と矢印

　われわれは、典型的に見られる組織としての金魚鉢の、4つのタイプを特徴付けるために2つの軸を用いる（図7.1参照）。左から右に伸びる水平線は、重要な決定をする際に考量するさまざまな声の分布（数と声の所在）を表す。左端には、ボスという声が1つある。反対側にはすべての人の声がある（労働者・事務補助員・上から下までの組織全体の人々）。

　垂直の線は、組織内で情報が共有される方法を表す。垂直軸の一番下は、情報の流れが管理され、上部のリーダーから下部に情報が移動する従来の組織図である。垂直軸の上部には、伝統的な組織図ではなく、情報フローが流動的な網状ネットワークに置き換えられている。情報は、あらゆる方向にさまざまな方法でネットワークを通過し、均等に分散され相互に接続されている。必要なときにはいつでも、すべてのデータと情報に簡単にアクセスすることができる。

トップダウンの指揮コントロール型リーダーシップ文化（左下）

　われわれのクライアントのほとんどは、図の左下のどこかにいると認識している。ここは従来の組織（トップダウン・中央集権型の指揮コントロール）である。少数の人々が重要な決定を下し、組織情報は上から下に流れる。この左下が悪いとか間違っているという意味ではない。こういう組織はきわめてうまく機能する文脈がある。比較的に安定していて、未知のことが起こらず、イノベーションへのプレッシャーがなく、「選択肢はひとつだけ」である状況が、トップダウン・

アプローチの構造と予測可能性を好むメンバーを惹きつける。

　これは、われわれのクライアントの多くが望んでいることを説明しているわけではない。むしろ、継続的な変化のための状況を創ることを期待している。もっと協働的で、機敏で、革新的な文化で能力を発揮したいと願っているのだ。

協働的なリーダーシップ文化（右上）

　これまで説明したように、図の右上のような組織では、何事も決まらず、混沌として、緩く曖昧で、放任主義的な職場になってしまう懸念がある。しかし研究によると、まったく反対のことが起こったのだ！（McCauley et al. 2008; Laloux 2014; Huffaker 2017）協働行動は特定の考え方の表現であり、特定の構造によって招かれ強化されるものであり、体系的かつ厳密に実践されれば、急速に変化する環境に反応して、創造し進化することができる。多くの人が自分たちに影響する決定に関して意見を言うことができて、決定を下す権威は、システムを横断してその仕事に近い人々に分散されている。情報は人間関係のネットワークを通して流れ、機能横断的なグループは常に展望を分かち合うために集まる。そして個人は、集団の成功のために積極的に情報や洞察を共有し合うのである（Laloux 2014; Huffaker 2017）。

オープンな境界組織（左上）とハブアンドスポーク組織（右下）

　この2つは、現代の組織にとって、もっとも役立つリーダーシップ文化の変換を理解する上で、少なくともこの時点ではそれほど重要ではない。当然ながら、これらについて質問してくる参加者はほとんどいない。

　図の左上のオープンな境界組織では、情報はネットワーク中を流動的かつ積極的に流れるが、1人または少数の人々が最終的な決定を管理している。オープン・ソース・ソフトウェアのリナックスのようなベンチャーが良い例である。右下はハブアンドスポーク型のフランチャイズ組織に代表される。中央にある本部が重要な決定を下し、加盟店に押し付ける。ほとんどの情報は本部から加盟店に向かって流れる。

2. 異なるリーダーシップ文化を理解するためには、
　まずそれを体験しなければならない

　参加者はインプロのゲームを演じ、リアルタイムに自分自身を観察することで、状況をコントロールしたいという欲求に気づくことができる。インプロ・コーチ

のジェスは、このことをこう述べている。

> このパフォーマンスは試しなので、参加者はリアルなフィードバックを得る
> ことができます。合格／不合格のテストではありませんが、ここから多くのこ
> とを学びます。このパフォーマンスの後で、自分自身について、アンサンブル
> がどう機能するのか、グループの一員としてどう感じるか、プレッシャー下で
> お互いを信頼して大胆に演じるとはどういうことか … それらについて新しい
> 情報を得るでしょう。「これは簡単だと思う」というのは通用しません。強み
> も弱みも晒されるのですから。[1]

　ジェスは、参加者に準備させるために、もうすぐ始まるショーに集中できる
ようにサイドコーチを行った。「何がうまくいった? 何がうまくいくのに役立っ
た? それを本番中にもっとやりましょう!」彼女は励まし、教え、挑戦する。
「みんな、もうすぐ一緒にパフォーマンスします。やるべきことがあります。ハ
イリスクですがハイリターンですよ。今練習をしてスキルを磨いているのは、漠
然としたことのためではなく、実際のためです。1つのプロジェクトであり、み
なさんのショーです。そしてわたしたちは、一緒に大成功を収めるでしょう。」
　参加者はいつも、自分自身が思っていたよりも成功する。ジェスが指摘するよ
うに「この即興的な関わり方は実行可能で、全員が素晴らしくなれるのだとい
うことは、単に言葉で伝えるのは絶対に無理です。経験しなければなりません。
やってみれば、流れは一気に変わります。」

3. インプロの統合的な要素を、日々の組織生活に移す

　われわれは、協働的リーダーシップ文化を見事に体現した即興演劇を、まだそ
うではないもの、つまり組織に移す方法を模索している。繰り返しになるが、組
織を支援するための最善の策は、即興演劇の複雑な行為の、パーツの複合に着目
することだと考えている。もちろん行動に関してではあるが、信念や構造につい
てでもある。機敏で応答性に優れ、継続的に進化する組織をもたらすのは、これ
ら3つの相互作用だと考えている。
　われわれにとって移行の要は、協働行動をもたらし強化する構造的要素である
ゲームのルールを明るみに出すことにある。それは先述した解放構造であり、基
本的なインプロヴィゼーションのゲームに組み込まれている構造的デザインの要
素と同じである —— 明確に共有された目的を分節化する。全員が参加するよう

に励ます。交互にやりとりを行う。制限された時間の中ですばやく行う。誰もが重要なのだとみなす。

　目的は、グループの共創力を解き放つことにある。こうした構造的な要素があれば、組織（および人間がいるところはどこでも）において、あまりにもよく見られる階層やスタイル、スキルの欠如、自己認識といった対人的問題が、さまざまな視点を共有した解決の統合を妨害する可能性は低くなる。

　そこでこのワークショップの第三の要素は、ツールキットを用いた経験である。それは毎日の仕事でインプロを実践するように促すことである。これらを仕事で試してみることで、インプロの方法は、現実の問題により良い解決をもたらすということがわかる。この方法やツールキットは、少しの練習と勇気があれば、実際のプロジェクトや同僚でやってみる足掛かりとなる。これは今までのワークよりも、ずっと大きな違いを生み出している。あるクライアントは「こういうふうに行動することは、まったく新しい強い力を持っているようなものです」と言った。

まとめ

　素晴らしい振り返りをもたらすインプロを教えることは、人々に可能な方法があるという新しい感覚を与えることに違いない。それは人を伸び伸びとさせ、解放し、一部の人の考えを変えさせる。われわれの提案は、グループの働き方の持続的な変化が目標であるなら、これでは十分ではないということである。**組織文化というものにも、構造と考え方が含まれているからだ。**協働的リーダーシップ文化を、即興という体験から、日々の仕事を変化させるという挑戦へと翻訳するために、構造（特にシンプルでペースの速い構造）は有用である。

　われわれの1日ワークショップでは、リーダーシップ文化の3つの側面、すなわち考え方・行動・構造を可視化する。そして考え方・行動・構造を支援し、ラディカルな協働を可能にするリーダーシップ文化に、しっかり関わるとはどういうことかという体感的な体験を与えるために即興演劇を用いる。最後にその影響のサイクルに見合ったスケールで、協働的リーダーシップ文化を日々の仕事に置き換える手伝いをする。

　今後に向けて、3つの大きな問いがある。1つ目は、ワークショップが自由参加であるという性質に関わったものだ。参加者が願う変化には、実際に一緒に変化を**創り出して**いる人々との意図的な協働が必要となるが、そこへの理解をど

のように支援できるだろうか？ 参加者には希望をもつと同時に、これは挑戦だと感じてほしい。この新しい学びは、同僚を新しい金魚鉢に加わるように誘わなければ、職場に戻ったときにすぐに蒸発してしまうからである。もう一つぜひ探求したい問いは、単独のチームや機能横断的なグループが、こうした1日の経験を使って、協働するグループとしての自己評価をすることを、組織の内側から支援する方法である。強みと弱みを特定することで、組織の優先順位に応じた協働的知性を解き放つ能力開発や、次に必要なことを決定するための支援方法を学びたいと考えている。3つ目の大きな問いは、既存の組織の新しく協働的な金魚鉢を繁栄させるために、組織のシニアリーダーたちがオープンさ・準備・明示的な支援をどのくらい必要としているかという点である。

　われわれは、**組織の大きな変化はどこからでも始められる**と信じている。トップから始める必要はないのである。そこでこの言葉を残したい。共創的な変化を導かなければならないのは、重要な責任をもつ者であるということが神話であるということをどうやって暴けるだろうか？ 変化はどこからでも始めることができる。われわれの世界は、これまで以上に、協働的リーダーシップの文化を必要としているのだ。

パート3

高等教育

8

ノーからイエス・アンドへ
── 対立解決のための応用インプロ ──

バーバラ・ティント

対立解決に関する考え

　わたしにとってもっとも素晴らしいことは、わたしの仕事自体がなくなること
だと思う。つまり、対立を解消するためのトレーニングや介入が必要とされない
世界になることだ。そこでは、誰もが、個人・組織・コミュニティに関わる対立
に対して、建設的で変容をもたらす方法で関わるツールを持っている。長年にわ
たる暴力的な対立を断ち切る方法を見つけた世界だ。しかし残念ながら、近い将
来にその夢が叶うことはなさそうだ。ローカルレベルでは、われわれは家庭・職
場・地域社会において、対立と苦闘し続けている。人は、実際にある違い、もし
くはあると思っている違いを見過ごすことができないために、関係や協働が成り
立たなくなるのだ。グローバル・レベルでは、3つの関わり ── トラック1（政
府などの公的機関）、トラック2（民間団体・組織）、トラック3（個人・市民）で
コミュニティが対立と苦闘しているのを見たり、自ら体験したりしている。
　「対立」の定義はいろいろあるが、われわれが実践的に使う定義は「相互依存
する2者ないしそれ以上の間に起こる表面化した争い。関係者間の価値観やニー
ズ、興味関心における実際の違い、もしくはあると思われている違いがあらわ
になり、それぞれが両立しないと思わざるを得なくなるもの」（Hocker and Wilmot
2014）である。この分野の目的は、対立を根絶することではない。根絶はできる
ことではないし、望ましいことでもない。なぜなら、何らかの対立は生きていく
なかで避けられない側面だからだ。むしろわれわれのゴールは、個人や集団が未
来に向けて、関係やコミュニティ、資源、そしてより大きな可能性を守り、協力
し合いながら、それぞれのニーズを満たしていけるように、対立に対処するため

のより建設的な方法を見出すことだ。うまく対処できれば、対立は、成長や親密さ、個人的・社会的な変容につながる可能性がある。

　小規模な対立と大規模な対立は、原因と結果は違うものの、多くの場合、根底にある問題は同じだ。すべての対立には、外的側面（食料・金・プロジェクト・土地・移民法など）と内的側面（認識・アイデンティティ・関係性・生い立ち・感情など）がある。効果的な対立解決のアプローチは、両側面にうまく対処している。一方だけの対処では、限定的な解決で終わることが多い。また対立のすべての問題の背景には、人種差別・性差別・階級差別などという社会構造に埋め込まれた要因がある。これらはとても強力で、修正するのは難しく、常に働いている。こういった要因に気づき、対処できることが、この仕事において非常に重要である。

　この章で、対立解決を実践する核となる構成要素のすべてを説明することは不可能だが[1]、個人・組織・コミュニティなどミクロレベルの対立と、社会的なマクロレベルの対立の両方に有効な基本原則を提示する。本章で説明するアプローチは、必ずしも対立の背景にある、外的な社会構造的要因を修正できるとは限らない。しかし、自らの内的領域におけるスキルを身につけることで、外的要因に対して今より効果的に対応できるだろう。

トレーニングのプロセスと方法論

　わたしはさまざまなトレーニングの形を使う。例えば、半日、1日、週末1泊2日の集中クラス、そして10 〜 15週間にまたがるクラスなどだ。1日以下だと味見程度になる。もし目指す地点がグループの団結心を創り出して、根深い問題に対して有効にアプローチすることであれば、少なくとも24時間、理想的にはそれ以上のトレーニングが必要になる。ここで注意点がある。本章で伝えるアプローチは、初心者でも効果的に使うことができるが、対立解決のトレーニングは複雑であり、この領域の基本的な知識と経験をもった人が行うのが理想であること。対立の要因であり解決の元にもなる、さまざまな争点を理解し、経験・記憶・感情・試練が刺激されることもありえる参加者のために、しっかりと場を支えることが、決定的に重要である。本章で紹介するテクニックを使いたいと思う人は、この分野での経験を積むこと、または経験を積んだ人と一緒に行うことを推奨する。

　わたしはあらかじめ、目指す状態や大体の構造、さまざまなエクササイズを準

備して臨むが、何をするかはそのときのグループの状態、つまり、エネルギーや流れ、その瞬間にもっとも必要とされていることにもとづいて決めるのが常である。皮肉ではなく、わたしはこれを戦争に喩え、アイゼンハワーの言葉を共有したい。「戦いを準備する中で、計画が役立たないことを何度も見てきた。しかし、それでも計画は絶対に必要である」。このように、わたしは焦点を当てるスキルや内容についての育成に役立つ、さまざまなエクササイズを準備して臨む。ただ、ここでわたしが使っているすべてのエクササイズを共有することはできないので、読者は焦点を当てる特定の分野について、さまざまな情報源を参照して準備することを推奨する。[2]

　トレーニングを始めるにあたって、わたしはつながりがあり安心できるグループの場を創る。このためのインプロのゲームやワークはたくさんある。参加者が自分の身体を感じたり、互いを知り合ったり、グループの中での安心感が高まるように働きかけたりする。わたしはソシオメトリー[訳注]（McWaters and Moore 2012）を使って、参加者に、ここにどんな人がいるかがわかるようにしたり、そこに浮かび上がる構成やつながりを観察したりしながら、グループがつながるきっかけを育てていく。人々ができるだけ多くの人とつながれるよう、グループ全体・小グループ・3人組・2人組など、さまざまな形を選びながら進める。最初の段階では、リスクを負ったり、間違いをしたり、ほかの人の前に立ったりすることに伴う不安・不快感についても扱う。これらは、参加者の自由や抑制の度合いに影響を与えるからである。

　対立解決の内容に取り組むにあたって、わたしは次のようなステップを含む基本的な枠組みに従う。（1）取り組む際に使う対立解決の原則、もしくはスキル（例えば、傾聴・協働・感情への対応・解決構築など）を特定する。（2）選んだコンセプトに焦点を当てたさまざまなインプロのエクササイズを行う。（3）参加者が直接経験したことに関して、実施したエクササイズを振り返る。（4）参加者の経験がどのように対立と対立解決の実践に関係するかを探る。（5）取り扱った原則や経験が活用できる、もしくは直接実践できるような対立のシナリオ、もしくは対立に関するエクササイズを紹介する。それぞれの原則に関する対立のシナリオを紹介する時間は必ずしもあるとは限らないので、多くの場合、いくつかの原則を取り上げた後、それらを統合するエクササイズを行う。こういったエクササイズは、対立解決に必要な筋力を鍛えるものだと言える。ある同僚は、こういったワークを、複数の運動を組み合わせて行うトレーニングに喩えている。マラソンランナーは、多くの時間をウエイトリフティングや腕立て伏せなどに使う。走ってはいないが、筋肉を鍛え、走るための準備をしているのだ。

すべての活動の後の振り返りは非常に重要である。組織における相互学習の専門家として知られるシバセーラム・（ティアギ）・シャガラジャン博士は、エクササイズ自体から学ぶことは少なく、エクササイズを振り返ることから多くを学ぶと言っている。どれだけ早く振り返りをした方がよいのかは、エクササイズ・時間・グループの流れ・内容の必要性によって変わる。理想的には、振り返りはいくつかの形で行うべきである。例えば、ペア・3人組・小グループ・大グループ・言葉で話す・絵に描く・振り返りながら書く・遊びを交えた表現など。エクササイズや振り返りのプロセスに対して、さまざまな方法をより多く活用できればできるほど、より多くのさまざまな学びのスタイルやニーズに利用できる。鍵はバランスである。ちょっとしたことをいちいち振り返って、くどくど繰り返すことにならないようにし、かつ、学びの重要な側面を見逃さないようにする。振り返りの際の基本的な質問には以下のものがある。何が起こりましたか？ 何に気づきましたか？ 何を経験しましたか？ 何を感じましたか？ 何に驚きましたか？ 対立にどのように使いますか？ 対立解決者としてのあなたの役割に、これはどのように役立ちますか？ この考え・経験・原則をどのように使いますか？

インプロと対立解決スキル

対立解決と応用インプロは、一組の手袋のように一緒に働く。対立に取り組む仕事には、まさにインプロのコアとなる原則・スキルが求められる。アメリカの大使だったリチャード・ホルブルックは、「交渉とは言わば … あるテーマに関するインプロのようなものである。どこに行きたいかはわかっていても、そこにどうやって行くかはわからないのである。それは直線ではない」（Wheeler 2013: 97）と言った。対立に取り組む誰にとっても、スキルは実践で成功するための基本になる。例えば、深いところに意識を向けた傾聴・自分らしさ（オーセンティシティ）・要求を受け取ってそれを積み上げること・協働・創造性・自発性・すばやい思考と意思決定・リスクテイク・柔軟性・適応性・人を惹きつける感情・権力とステイタスの課題への取り組み・いくつかの語り方を使っての働きかけなど。これらはインプロバイザーがステージ上のパフォーマンスのために使っているものと同じである。

以下のセクションでは、対立解決における7つのスキルを詳しく説明すると共に、トレーニングの過程において、インプロの方法がどのように使われるかを例示する。スキルはここで紹介する順番で提供される。なぜならあるスキルの習得

が、次に続くスキルを身につけるための準備となるからである。

聴く

　対立解決をするためには、良く聴くことは基本である。パートナーに集中し、パートナーと共にいる力が大きくなればなるほど、対立に効果的に取り組めるようになる。バルカン半島や中東といった対立地域での、市民対市民の外交に多くの経験があるアメリカの元外交官ハロルド・サンダースは、対話とは「心からの相互交流プロセスであり、それを通して人はお互いに深く聴き合う。そこでの学びから変化が生じるものである」(Saunders 1999: 82) と言っている。対立しているとき、我慢・寛容さ・聴こうという意欲をもつことはとても難しいことだ。わたしたちはブロックし、パートナーからブロックされていると感じる。対立解決の仕事を通して、不快感と共に座り続ける力、パートナーを疑う、もしくは遮りたい衝動を保留する力を鍛える。われわれはまた、人々が言葉や内容を聴くよりもむしろ、テーマや価値、感情やニーズを聴くようにトレーニングする。共感する、パートナーの視点に立つ、そしてつながりを育てることは、このプロセスにおける重要な要素であるが、対立の真っ只中では難しいことである。
　即興の基本は聴くことである。すなわち瞬間に起こっていることに注意を向け、今そこにいて、真心をもって対応することである。聴くこと、気づくことが多くなればなるほど、よりつながって、より意味深く情報を取り入れることができる(Poynton 2008)。素晴らしいインプロバイザーは、素晴らしい聴き手であり、聴いたことから、自らが変化するのに任せることを何度も繰り返している。聴く・注意するスキルを育てるためには、さまざまなエクササイズがあるが、わたしが好きなものをいくつかあげると《拍手回し》、《サウンド・ボール》、《ミラー》、《ジップ・ザップ・ゾップ》などである。インプロの筋肉を鍛えたら、参加者はペアになって、自らの生活における実際の対立的な状況から、気がかりの話題を順番に共有する（参加者が不安に思わない範囲で、共有できるものを共有することを促す）。参加者は聴き手として存在や共感を伝え、そこにあるパートナーのニーズ・価値・利害に関する理解を伝え、返すワークを行う。

敏捷性と適応性、不確実性への対応

　対立解決の実践は、想定外のことに対処する力に負っている（Kriesberg and Dayton 2017; Wheeler 2013）。対立解決者は、自らが使う理論・方法・枠組みをもっているかもしれないが、この作業の核心は、対立にある人々の間に浮かび上がる、独自なシナリオにすばやく対応する力にある。

　即興は、未知のものと向き合ったときの敏捷性と適応性にかかっている。これらのスキルが必要とされるカリキュラムの別の側面を紹介する前に、参加者は、この力を鍛えるエクササイズに取り組むことが重要である。短い時間で敏捷性と適応性を増すために使うエクササイズは《ハーフ・ライフ》(エクササイズ集10.2) などである。その次に、対立シナリオのロールプレイを行う。対立の内容はグループから引き出すが、よく行うのは、誰かが知っている実社会の対立だ。グループ全員が同じロールプレイに参加することもあれば、デモンストレーションを行うこともある。わたしは自然に、言葉・アイデア・状況（例えば、義理の母が登場した・ボスが出ていったなど）を投げ込み、参加者が想定外のことにすばやく対処しなければならないようにする。この段階の参加者には、コントロール欲求や、あらかじめ決められたテーマ、特定の成果へのこだわりを手放し始めることがよく見られる。参加者は、今ここにいる感覚と敏捷性を働かせることができるようになると、今この瞬間に使える資源がどれだけ増えるかについて、その効用を経験し始める。

受容・構造・協働

　対立解決の作業では、勝ち負けや競争心のない協働プロセスに焦点を当てる（Fisher et al. 2011; Hocker and Wilmot 2014; Saunders 1999）。そのためには、すべての関係者の利害・価値・ニーズを完全に理解した上で、対立の中に現れている二極化した立場を解消することが必要となる。より深く人々のニーズや動機を探っていくと、多くの場合、共通の土台を発見し、もっと柔軟に一緒に取り組めることがわかるようになる。一見、二極化して対立に見えるものの解消には、多くの対立における「あなた vs わたし」の性質を超えて、創造的な協働が求められることが多い。相互に有効な価値のある共通の目標に向かって、関係者が一緒に取

り組むことを促すプロセスの育成は、対立解決の仕事において、もっとも重要かつ難しい側面のひとつである。

　即興とは、「イエス・アンド」と「パートナーが素敵に見えるようにする」という原則をもつ協働的な手順である。良い即興は、それぞれのアイデアや解決策を受け入れ、お互いにサポートし合うことの上に成り立つ。何かを一緒に築き上げ、一緒に築き上げたものが、こだわっていた成果よりも大きいことを理解したとき、競争心は完全になくなる。ジョンストン（Johnstone 1979）の、《オファーを受け取る・ブロックする》ワークは、この状況を説明するものである。ジョンストン（1979, 1999）の《プレゼント・ゲーム》《グループ・イエス》《わたしは木です》（エクササイズ集5.1）《イエス・バット》《イエス・アンド》等のエクササイズのシーンは、「イエス・アンド」の原則とは、実生活のすべてで同意する必要があることを意味するわけではないことを非常にはっきりとさせる。むしろ、これらのエクササイズは受容する心を鍛えるものだ。この心をもつことで、たとえ同意できないときでも、対立を変化させることができる。多くの《イエス・アンド》のエクササイズの後で、対立のあるシナリオに取り組み、調停者・対立解決者・対立の当事者として、「イエス・アンド」の原則を実践する。グループの中から出された対立について、ペアになって取り組む。最初のラウンドでは、参加者は文字どおり、すべてのことに対して「イエス・アンド」という言葉で対応しなければならない。2回目のラウンドでは、言葉を使わずに「イエス・アンド」の心をシナリオに持ち込まなければならない。これは難しいエクササイズである。なぜなら「敵」を支持することが求められるからだ。このエクササイズの振り返りで、どのように「イエス・アンド」の心が新しいアイデアをもたらし、解決策を見つけて、実際に変容をもたらすかが明らかになる。

感情

　個人レベルと集団レベルにおいて、感情は、人々を行き詰まらせる重要な要因である。感情を無視すれば、おそらく対立を解決することはできない（Fisher and Shapiro 2006; Goleman 1995; Nair 2008）。感情に建設的な注意を向けることは、手に負えないように思える対立の解決策を見出すことを助ける。例えば、感情を自覚し特定する、感情を安全に生産的に表現する、調停者もしくは対立における他の当事者からの感情に対して共感的に理解・認知することだ。わたしは「ポジティブな感情・ネガティブな感情」という考えから抜け出し、むしろすべての感

情は人間の自然な表現だと捉えている。

　即興は、感情が自然にあふれ出すのを許す。われわれはしばしば感情をブロックされているので、自分自身を自然に表現することは恐ろしいものだと感じてしまう。しかしさまざまな感情を楽に表現できれば、他者の対立をファシリテートすることにおいても、個人的な対立においても役立つ。わたしは参加者に幅広い感情表現を試すように促す。例えば、参加者に感情を選んでもらい、ランダムに1から10までの数字（1が最小で10が最大）を割り当てる。参加者は感情が変動する中で、緊張感や表現において起こる変化を実験してみるのだ。また人間の相互作用における感情の伝染とその影響を調べるために、《エモーショナル・カープール》や《エモーショナル・メディエイション》（エクササイズ集8.3）といったワークを行う。振り返りでは、人々がどのように感じ、自分の選択が関係性の力学にどのように影響を与えたかについて内省することが重要となる。どの感情は居心地がよかったか？ どの感情はより難しかったか？ こういった課題を深く探求しておくことで、強い感情が重要な一部になっている対立において、自分たちが直面する挑戦の意味を理解することができるだろう。

権力とステイタス

　対立解決の作業では、権力の問題を必ずチェックしなければならない。権力はさまざまな形で存在する。個人レベル（美・金・学歴・強さ・知識・役職・人脈など）にも、構造レベル（組織・政府・軍隊）にも、社会システムのレベル（人種・性・階級）にも存在する。このさまざまな権力の形は、きわめて複雑にお互いに伝え合い、影響し合う。すべての対立には権力の問題が働いている（Coleman et al. 2000; Rouhana and Korper 1996）。権力の力学は、時には対立の当事者や解決者の意識の中にあり、ある時にはない。一般的には、少ない権力しかもたない当事者の方が、権力の違いについて自覚的である（Baker Miller 1995）。対立解決の作業では、関係者間における権力の力学についての評価、関係者の価値や対立プロセス全体の目標への取り組みが必要である。

　権力は、ステイタスの力学という形でも現れる。つまり支配と服従に関係していて、相互に影響し合い、目に見え・音に聞こえる振る舞いである。ステイタスの力学は常に働いており、対立している個人やグループを理解し解決するために重要である。ステイタスにもとづいた振る舞いを理解しても、人種や性といった構造的な権力に変化を及ぼすことはできないが、その相互作用を、これらの構造

的問題に関連づけながら探索することはできる。例えば女性は、男性の上司がいる組織では、発言が許されないと感じることがある。こういった身体や言葉に関わる選択は、性に関わる「ステイタスにふさわしい」振る舞いの条件づけを反映している。こうした力学についての自覚が高まり、トレーニングを積むにつれて、人に関わる行動に柔軟性と選択肢が増えるようになる。

　即興の実践では、長年にわたって演劇におけるステイタスの力学が探究されてきた。ステイタスはジョンストン（Johnstone 1979, 1999）の仕事の中核であり、もっとも意義深い貢献のひとつであり続けている。相互作用するステイタスの力学を変えることは、関係性・場・語りを変えるために必要不可欠だ。ここで言う「ステイタス」は、変えられない生得的なステイタスではなく、行動に相互作用をするパターンを指す。わたしは参加者に、大股で大声で、もしくは小さく静かに歩き回るといった、ステイタスの振る舞いを実践することから始めてもらう。トランプを使ったエクササイズもよく行う。ステイタスを表す数字をランダムに割り当てたトランプを参加者に引いてもらう。割り当てられたステイタスをもとに、さまざまな組み合わせ（ペア・3人組・グループ）で、さまざまなステイタスの役割の中で起こることを見ていく。また言葉によって、ステイタスを動かすことも教える。これには自分自身やパートナーを上げる（例えば、褒める）・下げる（例えば、侮辱する）といった、誰でもたいていやった経験のあることが含まれる。いったんステイタスと遊ぶことが簡単にできるようになれば、ジョンストンの《ステイタス・パーティ》《ステイタス・バトル》《マスター／サーバント》を使って、シーンを創ったり、シミュレーションしたりする。その後、これらを対立シナリオに重ねて、さまざまな対立における可能性と解決に取り組む方法として、ステイタスの振る舞いや階層内の序列を活用する。

文化とアイデンティティ

　対立解決の実践家は、すべての人の世界観・振る舞い・価値が文化的に条件づけされていることを理解しなければならない。世界における対立の原因の約80〜90%は、文化とアイデンティティに関するものである（Kriesberg and Dayton 2017; LeBaron and Pillay 2006; Rothman 1997; Ting-Toomey and Oetzel 2001）。これはミクロ・マクロ両レベルにおいて、人々が自分として存在する、一緒にいたい人と一緒にいる、望む生き方を自由に選ぶ、自分にとって意味ある形で理解・認知されるといった権利を求め、激しく戦っていることを意味する（Bush and Folger

2005)。対立解決を効果的に行うには、対立や関係者の背景にある文化的な世界観の理解が必須である。そして対立解決の実践家は、すべての関係者にアイデンティティが必要であることを認め、支援のために働かなければならない。

　即興はわれわれを、さまざまな性格やアイデンティティの探検に誘う。シナリオを作成することは、自分と違う他人の靴を履くという試みである。異なるキャラクターを演じるとき、特に、自分が経験していない性格の場合に、その性格についてのステレオタイプに自覚的・敏感であることは、対立を解消する仕事においてきわめて重要である。参加者が登場人物の性格・アイデンティティ・ストーリーを展開するときには、登場人物がどのように**感じる**のか、何を**必要と**しているのか、何に**動機づけられる**のかなどを探っていくように働きかける。内的世界にある潜在的な性格を探ることによって、外的な振る舞いから一般的に想像されるステレオタイプを演じるワナに陥るリスクを最小限にする。しかし自分と違う他人を演じるときに、思い込みは避けられない。こういった問題点をしっかりチェックすることは、必ず振り返りのプロセスに含めなければならない。参加者に対して、ある特定の性格を演じたときにどんな感じだったか、自分自身や自分の思い込みについて何を学んだか、関わった性格との出会いはどのような感じだったかを質問する。トレーニングのこの段階では、グループの強い団結と信頼ができあがっているため、対立に関わる参加者自身のリアルな文化とアイデンティティについての対話になることもよく起こる。そのほかロールプレイから現れる洞察を探るには、言葉を使わないゲーム・仮面ワーク・パントマイム・でたらめ語で話すなどがある。[3] 言葉の限界を超える身体的なワークは、文化の壁を超えることができる。特にグループ内に言語の違いがあるときは有効だ。

ストーリー（物語）とナラティブ（語り）

　対立解決は異なるナラティブの視点を取得し、探求することでもある。われわれが耳にするストーリー・自分自身に関するストーリー・われわれが覚えているストーリーなど、ストーリーは対立シナリオの大きな部分である。ストーリーを語り直すこと、異なる動機や成果、そして関係性を想像しながら語ることは、対立解決の重要な側面になる。対立の当事者は、同じ出来事に関して異なるナラティブをもっていることがよくある。自分のナラティブに固執するのではなく、他者のストーリーと視点を受け取り、それを統合することは、解決に向かう道として、共有のストーリーを想像することを可能にする。

114

即興の実践では、良きストーリーの創造と共創造にしばしば焦点を当てる。ジョンストンは協働して創造し、ナラティブを構築するための多くのエクササイズとテクニックを創り出した。わたしは参加者のストーリー力を鍛えるために、次のようなエクササイズを行う。《ワンワード》《ニュー・チョイス》（エクササイズ集2.3）、《もっと詳しく／続けて》[4]。われわれはストーリーについてのエクササイズの後、対立のストーリーに移る。それは参加者の実際の経験からストーリーを出してもらうことが多い。以下のような形でファシリテートすることもある。最初に、《ワンワード・対立バージョン》（エクササイズ集8.2）を行い、その後、その経験を振り返る。次に参加者をペアにして、同じ対立のシナリオについて、それぞれに違う視点を与える。そのペアは第三者である調停者（シナリオについて何も知らない）に対して、一度に**1センテンス**しか言えない形で、その対立のストーリーを語らなければならない。ある決まった方向にストーリーをコントロールしようとすることと共有された視点でストーリーを創ることを受け入れることの間に起こる緊張を、参加者が経験するための良い方法である。

まとめ

こんなにインパクトがあった対立解決のトレーニングは、今までになかったと参加者は繰り返し口にする。このトレーニングの学びは、さまざまなレベル——認知・感情・身体・関係性——で行われるため、ロースクール（法科大学院）などで行われた他プログラムで不足していたことが補われて、新鮮だった。力を与えられた。自由になったと言われることもある。インプロの力は大きく、トレーニングを経験した後、長期間にわたって徐々に浸透していくものだ。トレーニングの6ヵ月後・1年後・もしくは2年後に、参加者から仕事や人生がどれだけ変容したかを聞くことも多い。ある参加者が書いてくれた。「ありがとう。これは3年間の法科大学院での最後の授業でした。そしてわたしは、ようやく自分の人生が取り戻せたように感じました」。

この章を書きながら、紙上で、相互に関わる経験を伝えることは難しいと思った。わたしはただただ、あなたのところへ行って一緒に**これをやりたい**（図8.1）。しかし今は、この章があなたにとって有効であることを望んでいる。対立解決トレーニングでインプロを使うことは、いくつかの点において重要である。第一に、対立解決のトレーニングを受ける人は皆、自らの対立を抱えている。受容・サポート・適応・創造性といったインプロの指針は、人々がその対立へのアプロー

図8.1 グローバル・インプロ・イニシアティブ・シンポジウムでワークショップを
ファシリテートするティント（中央）

チを親身に、そして根本的に変容させるのを可能にする。第二に、わたし自身の
経験からも言えることだが、インプロは、辛くストレスの高い対立解決の分野で
働く人の健康と幸せに役立つ。第三に、インプロは、柔軟性・敏捷性・創造性・
適応性・すばやい思考力を一気に伸ばし、クライアントを助ける力を高めること
ができる。第四に、このトレーニングで使っているエクササイズ・指針・アプ
ローチのいくつかは、クライアントに直接使えるものなので、対立解決に使える
ツールを増やすことができる。最後にインプロは、自らが対立解決のトレーニン
グを施すときの、強力なトレーニング方法だということだ。

　重ねて言うが、対立解決は、挑戦的で手間のかかる仕事であることは、いくら
強調してもしすぎることはない。すべての実践家とトレーナーが、自らの能力と
限界を知り、自分のスキルや知識を補ってくれる他者とパートナー・シップを組
むことを勧める。

　インプロはわたしの人生を大きく変えた。それは説明し尽くすことができない
ほどだ。インプロを他者と共有するとき、不思議な変容をもたらす世界への扉を
開くかのように感じる。あなたにも、ぜひそこを通ってほしいと願っている。

9

応用インプロを使ってキャンパスの「多様性」を非植民地化する試み

アナリサ・ディアス

白人が大多数を占める大学の「多様性」

　この章では、大学生たちが対話技術を獲得し、平等な社会の実現に向けて変化を起こす力をつけるために、応用インプロが貢献しうることについて考察する。ここで述べることは、ワシントンDCにある米国カトリック大学（CUA）学生課で、3年間（2013 ～ 2016年）プログラム・コーディネーターとして勤務したわたし自身の経験に根ざしている。合衆国の高等教育では、多様性を語る上で、多数派に有利な言説や慣習を理論・実践両面から見直すためにインプロがどう役立つかという検証がまだ行われていない。そこで、まずは「多様性」という用語について考えてみたい。

　これまでは、一緒に過ごしているうちに違いは自然に乗り越えられるという発想で、人種・性別・宗教などの異なる人々が混在するスペースを学内に設ければ「多様性」につながると思われてきた。1950 ～ 60年代の市民権運動の直後には、諸大学は非白人学生専用のスペース（多文化センターや学生寮など）をせっせと作った。しかし市民権運動が成功すると、皮肉にも、合衆国の人種差別はもう克服されたものと勘違いされ、大学も「多様化」をそれ以上追求しなくなってしまった。それどころか、多様性は、入学者や補助金を獲得して大学の利益を追求するための方便となっていった。大学の所有者や経営者の大半は、特に私立大学では、白人が占めていた。排他的学習環境よりも、多様性に富む多文化共生型の学習環境の方が、認知的・情緒的に望ましい効果が得られることは、数十年に

わたり実証されている（Harper 2008）。それにもかかわらず、多様化の名のもと、利益優先の傾向が年々強まっているのが大学の現実だ。レイ・パテルは、『教育研究の非植民地化（*Decolonizing Educational Research*）』で、「非白人への入学許可や場当たり的な問題対処で済むような大学改革ならば歓迎されるが、白人や男性の優位性を根本から覆すような多様性は望まれない」(Patel 2016: 91) という問題を指摘している。「多様性」の理念は、新自由主義によって、かつての革命的活力を奪われてしまったのである。

わたしが異文化間コミュニケーションのプログラムを立ち上げるために着任した当時、CUAの学生課は、「多様化」をけん引する新しい戦略を模索している最中だった。ところが大学からは、学生のニーズに応える一方で、経営の視点で数値化ができる運営目標を設定するよう求められた。非白人の中途退学（つまりは、学費収入の減額）を問題視して解決策を講じる新自由主義的な介入型の目標設定を課す大学の要求と、日々経験している抑圧からの解放や自己変容型の学習を渇望する非白人学生の要望の間に、緊張関係があることは明白であった。

介入かプラクシス(実践)か ── 教育方法論

新自由主義における教育研究は、教育とその目的を、国家のために生産的に働く労働者を輩出するための社会制度と枠づける[1]。「新自由主義の根底にあるのは、私有化・標準化・説明責任のシステムであり、それが資金配分、採用や昇進、カリキュラムなどに関わる大学の構造に影響を与えている」(Monzó and Soohoo 2014: 161)。この構造は大学全体に浸透していて、指導や学習よりも経営の成果が問われる。例えば、高賃金の仕事を生み出す学術プログラムは優先的に注目・特権・資源を与えられ、批判的思考・創造性・社会的学習を重視する学術プログラムは軽視される[2]。

新自由主義に加担する研究者は、学習者の成績を入出力の数値に置き換えて測定するような定量的テストにより、教育の成功と失敗を判断する。その上で、多数派（主に白人）の同級生より低得点の「危機に瀕した」学生への介入方法を提唱するのである。概してこのアプローチには、特定の集団を基準にすると同時に、そこから外れる集団を非人間化する働きがある[3]（Patel 2016: 41）。パウロ・フレイレの教育自由化に関する革新的アイデアの伝統を遡り、R・D・グラスは「非人間化によって、人々は歴史や文化の客体にされ、自らを歴史や文化の創造主体として定義づける能力を否定されてしまう」と著している（Glass 2001: 16）。新自

由主義の教育研究は、学習者を（成績や出席率等で）階層化した上で問いを設定し、介入についての仮説を立てる。介入によって問題は一時的に「解決する」かもしれないが、そもそも階層化を生じさせたシステム自体は温存されるのである。

　脱植民地化を実現するには、教育的介入ではなく、パウロ・フレイレやアウグスト・ボアールが提唱した「プラクシス（praxis）」、つまり行動と批判的省察を循環する継続的で双方向的な過程が適している。この循環の中に、変容的で形成的な学習を可能にする空間が生まれる。プラクシスに根ざした教育は、（学習者を教育制度の客体にするような）教育的入力や出力にさほどとらわれず、（学習者が学びにおける主体的行為者となるような）学びの過程・対話・出会いに力点をおくのである（Freire 1968）。

プラクシスとピア教育に向けて

　わたしはCUAにいる間、非白人の学生リーダーたちと共に、DREAMチームというピア（学生どうしの）教育プログラムを創設した。その開発と実施までには、紆余曲折があった。初めは、異文化間リーダーシップ・スキルを学ぶワークショップの年間カリキュラムを組んだ。しかし学生が3人以上参加したためしがなく、最初の一学期で中止することにした。

　その後の数か月、わたしは学生スタッフや学生グループのリーダーたちと非公式のミーティングを重ね、非白人学生たちが真っ当な扱いと尊厳を求めてどう悪戦苦闘しているかについて、話してもらうことができた。例えば、学生たちは、生活や学習の諸場面で、継続的に受けるマイクロ・アグレッション（些細だが陰湿な嫌がらせ）からストレスを受けていた。また、授業内外で、教授や他学生から侮辱的な言葉を浴びせられ、あまりに精神的な苦痛が大きいために、学業に集中できなくなってしまったエピソードもあった。しかし同時に、大学を変えたい、自分に何ができるか知りたいとも語った。このような会話が、DREAMチーム結成への直接の契機となった。

　チーム参加者のひとりであるジャスティンとわたしは、チームを2人組に分けて、ペアごとに共同でファシリテートするトピックを（1）人種差別、（2）抑圧、（3）ステレオタイプ、（4）特権と権力、（5）認識と偏見、という重点領域から割り当てた。トレーニング期間の序盤は、わたしが重点領域に関する研究結果や情報を提供し、研究が実生活にどう結びついているかという点を話し合った。そして、インプロのエクササイズやテクニックを使った対話ファシリテーションのト

レーニングへと移っていった。わたしは故意に、募集要項や応募用紙に「インプロ」や「演劇」という言葉を含めなかった。そのため、初めてDREAMチームでインプロのエクササイズをやったときは、ボアールの《マグリットへの敬意》のようなエクササイズが、プロジェクトとどう関係あるのかをつかめずに混乱する学生もいた。[4] 簡単に説明すると、《マグリットへの敬意》では、参加者は輪になって座り、進行役が1つの物体（スプーン・靴・椅子など）を輪の中心に置く。そして参加者が1人ずつ交代で物体を手に取り、それを別の物に見立てて、言葉を使わずに表現する（例えば、スプーンを拾い上げて、髪をとかす、歯を磨く等の動作をする）。それを見ている人たちは、それが何の見立てかを当てる。社会正義（social justice）の活動では、現在とは異なる世界の在り方を思い描けることが大切だ。学生たちは、いったんエクササイズで経験したことを振り返って話し合うと、演劇のエクササイズやインプロが対話ファシリテーションの練習にどう役立つかをすぐに理解し始めた。

　わたしの目標は、DREAMチームの学生が、各自で選んだトピックで学内イベントを計画し、ファシリテーションをするために必要な道具を提供することだった。イベントは、映画上映・パネル討論・教授による講演などさまざまで、各イベントの後半にはDEAMチームの2人組がファシリテーションをする対話の時間が設けられていた。年度の終わりまで、2時間のセッションが月1回開催された。目的は次の3つだった。

1. 抑圧・人種差別・ステレオタイプ・偏見・特権についての**知識**を形成すること
2. 対話をファシリテートして、社会正義に向かう変化を率先する**スキル**を身につけること
3. 社会正義や団結への前向きな**態度**を涵養すること

ステイタスを調整する

　キース・ジョンストンは、なぜ教育学部でステイタスを教えないのか理解できないと思っていた。ステイタスは、社会的動物であるわたしたちが社会階層のどこに位置づけられるかを決定づける、身体的・言語的な振る舞いである（Dudeck 2013: 12-13）。優れた教育者や対話ファシリテーターは、どんな状況でも、必要に応じて自在にステイタスを上げたり下げたりしている。このスキルを使えるよ

郵 便 は が き

１０１-００５１

（受取人）

東京都千代田区神田神保町三―九

幸保ビル

新曜社営業部 行

通信欄

通信用カード

■ このはがきを，小社への通信または小社刊行書の御注文に御利用下さい。このはがきを御利用になれば，より早く，より確実に御入手できると存じます。

■ お名前は早速，読者名簿に登録，折にふれて新刊のお知らせ・配本の御案内などをさしあげたいと存じます。

お読み下さった本の書名

通 信 欄

新規購入申込書 お買いつけの小売書店名を必ず御記入下さい。

（書名）		（定価）¥		（部数）	部
（書名）		（定価）¥		（部数）	部

(ふりがな) ご 氏 名		ご職業	（　　　歳）

〒　　　　　　　　Tel.
ご 住 所

e-mail アドレス

ご指定書店名	取	この欄は書店又は当社で記入します。
書店の 住 所	次	

うになるためには、普通は訓練が必要だ。わたしは、ステイタスを下げることに関して、主にボアールのジョーカー・システム[5]やパウロ・フレイレの批判的教育に関する考えを使っている。わたしはCUAで「専門家」として行動しつつも、学生と柔軟で堅苦しくない関係を築いていた。学生とより対等な関係を作るために、自分の「専門家的」ステイタスをできるだけ頻繁に下げるようにした。例えば、学生が1対1の面談に来るときには、子どものように椅子の上で両足をクロスさせて座ったりして、体の姿勢をわずかに調整した。このような身体的シグナルがあると、教育者と学生の間に見られた社会的ヒエラルキーは、無意識のうちに壊れ始めていく。常日頃から、人々が選択的に送り合っている社会的シグナルについて、学生と批判的に語り合うときには、実際に身体的シグナルを使ってみせてから始めることもある。

　難しい問題の話し合いをファシリテートするときも、原則としてステイタスを低くする。ファシリテーターには、行動や言葉遣いに関する社会規範へと鋭い注意を向ける力や、そのような規範を即座に調整する力が求められる。ファシリテーションのスタイルを振り返って、ジャスティンは次のように言っている。

　　　僕がファシリテーターとして対話に臨むときは、中立的な態度と振る舞いを心がけている。僕は上流階級のような立ち居振る舞いだと人から言われたことがあるんだ。きっと、黒人男性として、アメリカ白人が思っている「黒人男性はみんな物乞いや麻薬密売者みたいな社会のお荷物だ」という考え方に対して、それは間違っていると証明しなくてはいけないと日々身構えて生きているせいだと思う。

　ジャスティンは、多様な人々が対話する空間では、彼自身がもつ社会的アイデンティティや、他の参加者にどう認識されているかといった要因の影響を受け、対話へ参加する度合いや方法が変わると明言する。また、ファシリテーションを行うときに彼がもっとも重視するのも、ボアールのジョーカー・システムに立ち返って「中立的な」振る舞いをすることだと述べている。抑圧についての対話をファシリテートするためには、自分のステイタスに気を配って、身体的な行為や発言のパターンを臨機応変に調節する能力が必要不可欠である。このような自覚が、凝り固まった階層や関係の解体を試みる非植民地化の機能を果たす。

　わたしは、ステイタスを下げる練習として、社会規範化された行動への盲従を停止させるようなゲームを、特に好んで使った。このようなゲームの第一段階は、でたらめ語とジェスチャーの反復だけでプレイすることにすれば、参加者は必然

的に自らのステイタスを下げることができる。全員がバカバカしいことができるようになるまでほぐれたなら、リスクを取って失敗する準備ができたという印である。たいていのアイスブレイクは、参加者がステイタスを下げやすくするためのエクササイズなのである。

沈黙の教育

　非植民地化と対話ファシリテーション・トレーニングの最終方略は、沈黙を尊ぶ教育の開発である。インプロでは、沈黙を使って非言語コミュニケーションへの感度を高める。沈黙の中に、人が自らを観察したり他者と出会ったりする時間・空間が生まれる。ヴァイオラ・スポーリンは「親密なインプロのグループは、超人的な技術と速度で非言語コミュニケーションを行っている」(Spolin 1963: 45)と述べている。ボアールのエクササイズにおいて、特に初心者レベルでは、言葉を使わない。その代わりに、身体でやりとりされる情報に注意を向け、現代生活で身につけた堅苦しさ――終日授業で同じ姿勢で座っていたり、コンピュータに向かってタイプしては画面をタップしたり――を超えて、身体の選択肢を拡張するよう促される。過度な知性化への依存を軽減できれば、自らの深遠なる身体知を利用できるようになる、という考えである。特に、有色人種など、歴史的に抑圧されたアイデンティティをもつ学生の身体には、蓄積された深い知が利用されないまま眠っている。沈黙の価値を知れば、絶え間なく話し続けることで主導権を握りたいという欲求に、打ち勝つことができるようになる。
　過度に言葉で構造化された文化では、沈黙を尊ぶどころか、沈黙を見出すことすら困難である。大学生には、授業・学生組織・インターンシップで生産的であること（発表したりレポートを書いたりすること）が繰り返し要求される。したがって、わたしが「沈黙の教育」と呼ぶものを制度的な空間で実践するということは、生産という支配的な言説に挑み、省察のための空間を作るということなのだ。沈黙の教育は、生産や客観的知識の複製ではなく、学びの主体どうしの身体化された出会いに注目する。教育者は、省察的な間合い（沈黙の瞬間）――学習の内容を個人的に意味付けるために学期中に設ける間、普段は発言しない学生の考察を聞くために授業中にとる間、学生との対話において教師が全身で傾聴し学ぶための間――をカリキュラムに埋め込むことができる。
　わたしは、難問をめぐる対話をファシリテートする方法を学生に教えるとき、ボアールの中立的ジョーカーに立ち戻って、静かに座ることから練習するよう助

言した。質問に答える人がいないとき、ファシリテーターは自分の意見を差し挟んで、対話を誘導してしまうことがある。だから学生には、沈黙の効果を生かす練習を奨励した。特に、抑圧のような、非常に個人的な話題を扱う場合は、噛みしめて理解するための沈黙の時間が必要とされる。

　DREAMチームのトレーニングを振り返ったとき、沈黙を尊ぶことの意味について、ジャスティンは次のように答えた。

　　《特権歩き》というエクササイズの後に沈黙を味わったのは、大事なことだったと思う。このエクササイズでは、どんな人種・民族・性役割・性指向であろうと、何かしら特権もあれば、人生のどこかの時点で抑圧を経験することもあると気づかされて、目から鱗でした。**誰かと比べて優越感を抱く権利など誰にもないことを、参加者全員が実感していた**と思う。

　《特権歩き》は、大学の反抑圧トレーニングでよく使われるエクササイズである。参加者は一列に横並びになり、ファシリテーターがゆっくり読み上げる特権的アイデンティティの記述が自分に当てはまれば一歩前に、被抑圧者のアイデンティティの記述が該当していれば一歩後ろに動く。すべての記述が読まれた後には、参加者たちは物理的に部屋のあちこちに分散している。このエクササイズは、まだ信頼関係がないうちに行うと険悪な雰囲気になる。しかし、信頼し合っているグループなら、ジャスティンが言うように、違いを超えて一体感を生み出すことが多い。活動中は言葉を使って分析をしないので、身体表現に映し出される経験や、他者との物理的な位置関係の変化に集中することができる。そして、事後のディスカッションでは、この経験を各自が内的に整理する。そのとき、長い沈黙が生まれるのである。

インプロ技法を
対話ファシリテーション・トレーニングに重ねる

　インプロの数多くのゲームや活動と同様、《リズムマシン》（エクササイズ集9.1〜9.3）では、3つの技法──オファーを受け入れること、ステイタスを調整すること、沈黙の教育──を同時に実践することが求められる。例えば、このゲームの参加者たちは、グループのメンバーからどのようなジェスチャーや音がオファーされようと受け入れて、一緒にジェスチャーでマシンを作るようにと言

われる。一見してこのゲームには常識的正解がないとわかるので、言われたとおりすべてのオファーを受け入れていると、そのうちに、グループ内に存在しそうに思われた社会的障壁が効果的に打ち破られてゆく。誰もが基本的に同じステイタスになるのである。ゲームの第一段階は、社会的アイスブレイクとして機能する。第二・第三段階になると、ゲームは、挑発的なオファーや賛否が分かれそうなオファーも含め、あらゆる社会的批判を正当化する仕掛けとして働く。実際、参加者が抑圧的な見解を示すような場合にこそ、オファーを受け入れるということが、よりいっそう重要となる。ファシリテーターにとって、このように緊張を伴う場面で（自分自身の視点を失うことなく）中立性を保ち、その場に持ち込まれた抑圧は受け入れることなく**参加してくれた**というオファーを受け入れることは、至難の業である。リズムマシンのエクササイズは、対話ファシリテーターにとって、あらゆるオファーを受け入れるための練習の機会なのである。

　さらに、リズムマシンの3つの段階すべてにおいて、ことに抑圧システムを分析する段階では、参加者は沈黙の価値を最低2種類の観点から経験的に理解する。第一に、わたしはファシリテーターとして、参加者が情報を消化するための間を必ず残すようにしている。声の合図は最小限にとどめ、言葉による分析はすべて省察的対話の時間にまわす。大学生たちは、24時間休みなく入ってくる情報に加え、講義や課題に追われているので、授業中に沈黙するというわたしの教育的決断は驚かれることが多い。第二に、いくぶん技術的なことだが、リズムマシンの速度を下げたり上げたりして、参加者が出す音のリズムが実際に変化する際に、沈黙とその欠如はよりいっそうはっきりと表れる。ゲームの文脈で沈黙や雑音を意識することは、他の文脈で沈黙が訪れたときにも落ち着いている練習や、他者の話に耳を傾けたり他者を信頼したりする練習になる。わたしの経験では、ファシリテーターがコミュニケーションの自然なリズムの一部として沈黙を意識できれば、沈黙を埋めなければいけないという焦りが軽くなり、参加者の準備が整わないうちにファシリテーターが会話を先に推し進めるようなことも減る。

全体を振り返って

　年度末にDREAMチームの学生たちは、対話ファシリテーションの技術をめきめきと向上させ、自分の学業にも精を出すようになっていた。当初は抑圧を受けた怒りから、学生運動家になってやろうと思って参加した学生たちも、相手だけでなく自分自身を変容させる行為主体へと変わっていた。抑圧を感じるたびに

1対1の面談に来ては「どうすればいいのでしょう？」と質問をしていた学生は、「どこに行けばもっと学ぶことができますか？」と聞きに来るようになった。

10

科学を理解する
—— 科学と健康における応用インプロ ——

ジョナサン・P・ロッシング＆クリスタ・ホフマン-ロングティン

　コミュニケーション・ストーリーテリング・聞き手とのつながりなどに焦点を合わせた応用インプロのワークショップは、科学者や医師が、専門家でない一般の人々に向けて話すときの、さまざまな問題に対処する上で、素晴らしい可能性を持っている。例えば多くの科学者は、高等機関で研究するよりも、他の職種（ビジネス・産業・公共政策・科学報道・科学博物館など）に目を向けており、これらの職種では、コミュニケーション・スキルが必要となる。ここで求められることは、専門的な科学的知識を幅広い人々に伝える能力である。

　大学の教授や大学院のティーチング・アシスタントは、学生との効果的なコミュニケーションを行い、研究への関心を喚起させるという課題に直面している。学生という聴衆は、特定のコースで学び、科学的な分野に興奮して、科学的発見への関心を喚起する複雑な情報を、教授や大学院講師に提示してほしいと要求する。

　医師や科学者は、ますます科学の専門家や研究者ではない人たちとコミュニケーションをとる必要性に迫られている。例えば患者と話すとき、医師は共感と信頼を築きながら、伝えるべきことを明確に伝えなければならない。一般人と科学者を対象に、科学や社会に関する見解の相違を調査したリサーチセンターの研究では、科学者の84％が、一般人の科学に関する知識不足が「主要な問題」であると回答した。またよく取り沙汰される問題に関しても、科学者と一般人の理解に大きなギャップがあることが明らかになった。例えば、一般人の57％は、遺伝子組み換え食品は**安全**ではないと考えており、37％だけが安全であると考えていた。対照的に科学者の88％は、遺伝子組み換え食品は**安全であ**ると述べた。また気候変動・原子力発電・沖合掘削・予防接種などの問題についても、同様の知識と意見のギャップがあることが明らかになった。このような状況の中で、

研究科学者や医療従事者は、資金提供者や政策決定者に対して、自分たちの仕事の重要性を明確に伝えなければならない（Funk and Rainie 2015）。このような背景によって、科学者は、研究機関の研究者から大学の教授に至るまで、一般人に科学への理解を深めてもらうために、ますます科学教育や伝達プログラムに参加するようになっている。

　あらゆる文脈において、科学者や医師は、魅力的なストーリーを伝え、その場で求められるニーズに柔軟に対応し、科学者ではない人が理解できるような言葉を使って、自分の仕事を説明しなければならない。応用インプロのトレーニングは、科学者や医師がより幅広い人々と一緒に、科学を理解する方法を見つける助けになる。応用インプロは「自分の目的は情報を提供することである」という考え方から、「自分の目的は他者とパートナーシップを築き、理解を共有することである」という考え方へと思考を変える体験的な技術を提案する。

　科学の専門家には、共感的に想像し、さまざまな視点に立ち、その上でパートナーのニーズや興味に応えるスキルが必要である（Brownell et al, 2013）。科学的なアウトリーチと聴衆とのコミュニケーションを成功させるには、専門家が注意深く耳を傾けて、会話を妨げる誤解や先入観を見つける必要がある。応用インプロは、聴衆を共同創作者として捉え直し、専門家と一般人との力の差を平準化するコミュニケーションのパートナーシップを重視している。

パデュー大学とインディアナ大学医学部でのプログラム

　これらのニーズを満たすために、われわれはインディアナポリスのパデュー大学（IUPUI）とインディアナ大学医学部（IUSM）において、3部構成のワークショップ・シリーズを開発した。この種の活動は、われわれが初めてではない。全国の組織が、科学者・医師・公衆間のコミュニケーション・ギャップに対処するために、即興や台本を用いた演劇の方法を使っている。ニューヨークのストーニーブルック大学のアラン・アルダ科学コミュニケーションセンターでは、科学者が一般人に対して行う、複雑な研究についての説明方法の改善支援のために、ヴァイオラ・スポーリンのシアター・ゲームにもとづいた、革新的なカリキュラムを開発した。ノースウェスタンのファインバーグ医学部のK・ワトソンとワシントン大学のB・フーが作成した医療即興プログラムは、医療提供者がチーム内で効果的にコミュニケーションをとり、患者に対して共感的かつ明快に対応する力を養う。ミシガン大学のプログラムCRLT（学習・教育研究センター）では、

ドラマ教師と医学部教員による対話形式の寸劇を通して、医学生が患者に対して行う悪い結果の伝え方を練習している。

　われわれのプログラムの参加者は、さまざまな分野から集まったが、ほとんどは、技術的もしくは科学的な性質をもった分野（医学・看護・ライフサイエンス・工学）からであり、なかには教授・専門科学者・医師・研究者になる大学院生も含まれていた。大学側は、これらの教職員や大学院生が、科学のアウトリーチやコミュニケーションのスキルを身につけられると、助成金申請書の作成、患者の満足度や授業の有効性が向上することを認識していた。IUPUIとIUSMは、ストーニーブルック大学のアラン・アルダ科学コミュニケーションセンターの加盟団体である。われわれは、ストーニーブルックで行われた一連の学術単位系講座とボストン大学医学部で行われた3部構成のシリーズにもとづいたワークショップのカリキュラムを採用した。

　3回シリーズのワークショップは、それぞれ2時間で行われた。主な参加者は多忙な医師と臨床の教授だったので、これより長いワークショップはできなかった。また開催日程も、数ヵ月前に決めなくてはならなかった。われわれは、参加者の全セッションへの参加を強く希望したが、臨床現場のスケジュールは予測ができないので、要求は叶わなかった。ワークショップの参加者は16名を上限として、参加者全員が振り返りの話し合いができ、1対1のフィードバックもできるようにした。

　われわれはすべてのワークショップを、ファシリテーター2名で協働的に行った。事前のディスカッションで、誰がゲームやエクササイズをリードするか、つまり誰がルールを説明し、リードをして、エクササイズ中にサイドコーチをするかを決めた。メイン・ファシリテーターは振り返りの場も進行するが、振り返りが進むにつれ、もう1人のファシリテーターも同じように責任をもち、フォローアップの質問をして、エクササイズ内で観察した、さまざまな行動や対応を、振り返るように参加者を促した。各ワークショップの後に、象徴的な場面・良かった点・継続的に発展させていくべき領域について、ノートに書き留めた。

　以下では、3部構成のワークショップ・シリーズの形式を説明し、大きな大学でカリキュラムを実施する際に直面した課題と機会について述べる。なお、これはとても大事なことだが、以下に述べる課題や機会について語る目的は、科学的・医学的コミュニティやトレーニングをステレオタイプ化することではない。むしろ、このような参加者と関わる応用インプロの実践家のために、有用な文脈や考え方の幅が広がることを願っている。

ワークショップ 1
── 応用インプロを通して、あなたにとっての聴衆とつながる

　ワークショップ1のすべてのエクササイズは、パートナーとつながり、他者へ強く意識を向ける・非言語の合図を読む・質問者と質問の意図に繊細な注意を払って回答するといったスキルを練習するためのものである（図10.1）。重要なことだが、最初のワークショップでは、参加者が感じる不安や恐れを軽減する必要がある。この不安や恐れの原因は、失敗・弱さ・感情的な表現によって自分の態度を変化させようとするゲームに起因する。われわれの経験では、同僚の前でリスクを負うことを事前に考えるのは、特に名声や専門性を強く意識する参加者にとって困難なことだ。しかし興味深いことに、実は大学院生の方が、恐れを手放して、リスクを負うことに困難さを感じていることがわかった。自分の価値を証明しなくてはいけない、仲間との関係性を保たなくてはならないという思いのせいかもしれない。しかしながらほとんどの場合、最初のセッションの終わりまでには、ほとんどの参加者が喜んで参加するようになる。ファシリテーターは、エクササイズに必要なリスクのレベルを知っておく必要がある。最初のワークショップは、信頼・快適さ・成功を築くための低リスクのエクササイズから始める。このエクササイズに参加しない場合もありうることを考慮する。たとえ参加者がエクササイズに参加しなくても、部屋に留まってもらい、オブザーバーや振り返りでの発言者として参加してもらうように促す。グループが成長するにつれて、嫌々参加していた者もだんだんと居心地がよくなり、小さなリスクを負っても安全だと思うようになっていく。失敗を恐れるのではなく、失敗をポジティブな成長の機会と捉えることを学ぶのである。
　最初のエクササイズには、名前を使った基本的なゲームが含まれている。これは参加者がグループに慣れて、居心地良さを作るための助けとなる。エクササイズ《ジップ・ザップ・ゾップ》は、参加者がアイコンタクトやジェスチャーを介した非言語的なつながりについて考えるのを手助けして、仲間に対してより高い注意を払い、仲間と共にいることを練習する機会を与える。《ジップ・ザップ・ゾップ》を行うとき、参加者はしばしば（通常は非言語的に）躊躇したり、これは本当に役立つのかという懸念を表明したりする。参加者が下を向き、注意力と存在感が弱まっていることに気づいたら「もっと力強く、はっきりとアイコンタクトして」、「ゆったりとジェスチャーをして」、「いつでもパスを受け取れるよう

図10.1　プログラムへの参加者たち

な姿勢で居続けて」とサイドコーチをする。最後に振り返りを行い、参加者が
ゲームで体験した感情的な反応を、自分の仕事に結びつけて考えられるようにな
ると、参加者はスキルを学ぶ方法としてのインプロを「やってみよう」という
気持ちになる。例えば参加者は、《ジップ・ザップ・ゾップ》を通して体験した、
人に意識を向けることや、はっきりアイコンタクトをすることが、さまざまなコ
ミュニケーションの文脈やパートナーに対して活かせる方法であることを話した。[1]
　また参加者は、ヴァイオラ・スポーリン（Spolin 1963: 61-3）の古典的な《ミ
ラー》というワークを行うことで、さまざまなパートナーを気遣い、自分の主導
権を少し手放すことを考え、パートナーのニーズに対してより的確に対応する
ことを練習する。スポーリンが述べる「フォロアーをフォローする」のコンセプ
トは、お互いがお互いをリードしようとコントロールしなくても、相互がパート
ナーを映し合うことで自然と達成されるものである。「フォロアーをフォローす
る」ためには、基本的に主導権を共有することが必要不可欠であり、それには地
位や上下関係を脇におくことが求められる。参加者に対して、パートナーができ
るだけ最高のミラーでいるために、あなたは何をしたかを考えるよう促す。あな
たが行った速い・不規則な動きに追いつくことは、パートナーの義務ではない。
むしろ動きをリードするあなたが、パートナーの成功のために動きを遅くする義
務を担っていることを伝える。そして参加者は「フォロアーをフォローする」と
いう習慣を、科学の普及や伝達・患者との対話・さらには教室での会話の文脈に
も結びつける。参加者はある分野の専門家ではあるが、ミラーのエクササイズで、
さまざまな視点に立ったり、お互いのメッセージに適応したりすることを通じて、
聴衆と共有の意味を創るためには、継続的な努力が必要であることに気づくので
ある。

最後のエクササイズは《ピクチャー・ストーリー》(エクササイズ集10.1) である。このエクササイズは、聴衆に耳を傾け、応答し、聴衆とつながるという概念と、ワークショップ2で行うストーリーテリングへの橋渡しである。それはまた、科学的な教育から生じる客観性／主観性という2つの概念の壁を破ることを助ける。科学者は、仕事において、事実とデータを客観的に報告するように訓練されている。したがって、自分の仕事についての個人的な動機や魅力的なストーリーの紹介は、コミュニケーションには必要ないと思う場合が多いようだ。《ピクチャー・ストーリー》は、聴衆が聴衆にとって異質な情報とつながりをもつための、ストーリーテリングや感情の重要性を参加者に考えさせる。

　われわれが振り返りでいつも使う演劇的なテクニックは、この聴衆のために、変更する必要がある。俳優は、感情や経験に対する自分の感情的な反応に気づくよう訓練されている。逆に科学者や医師は、仕事中に感情的な反応に触れないように訓練されている。この訓練では、客観性が重要視されている。生き生きとした説明やストーリーではなく、明確で具体的な物理的証拠とデータに注意を払う。つまり、行動と感情をうまくつなげることが、効果的な振り返りになる。どのように特定の行動が、特定の感情的反応を引き出すのかに焦点を当てた質問は、参加者がお互いや一般人との関わり方を変えるのに役立つ。われわれは「それは何ですか？ それはどういうこと？ それではどうする？」という振り返りの質問を好んで使う。このテクニックは、医師や科学者が、応用インプロを日常の業務と明確に結びつけるのに役立つ。例えば、《ミラー》のエクササイズを振り返るとき、われわれは「何が今起こりましたか？ 体験を述べてください」と求める。どんな参加者の経験も「間違っている」ことはない。回答が前向きでないとしても、参加者の経験に「イエス・アンド」することが重要である。何人かの参加者が、自らの経験を共有した後、参加者に持ち帰ってもらいたい学びを引き起こす「それは、どういうこと？」という問いに対して答えるように依頼する。「このエクササイズを、患者や専門家ではない人とのコミュニケーションに応用するのはわかりますが、研究の複雑なコンセプトを説明するにあたって『フォロアーをフォローする』を使いたいと思うのはなぜですか？」と尋ねる。最後に、参加者の学びを促進するために、身につけたいと思う特定のコミュニケーション習慣を明確にするよう指導する（それでは、どうする？）。1人の参加者は、事後アンケートで次のように書いている。「コミュニケーションにはさまざまな側面があり、単に『メッセージを送信し、メッセージを受信する』だけではありませんでした。途中で遮られることもありますが、改善することができうる、さまざまな側面があります」。最初のワークショップは、主に聴衆を対象にしたコミュニ

ケーション・スキルに焦点を当てているが、科学者や医師は、これらのエクササイズと研究者チームや医療チームといった協働的チームにおける役割との関係についての話し合いにも価値を見出す。ある研究者は、応用インプロによって生み出されたスキルの多くが、成功する科学的研究の協働を構築するために重要であることを見出した。「一緒に時間を過ごし、信頼を実践し、言語の違いを話し合い、チームとしてのタスクに携わる」ことは、より生産性の高いチームとなることを促すのである（Thompson 2009: 278）。

ワークショップ 2 ── あなたのメッセージを蒸留させる

ワークショップ2では、明確なコミュニケーションとエクササイズの原則を紹介する。これはコミュニケーションにおける目標を設定すること、要点を特定すること、意味と文脈を説明すること、質問に回答すること、活き活きとしたメッセージを伝えるためのストーリーテリング技術を実際に練習することだ（図10.2）。われわれは参加者に、同僚や教授たち、家族から政策立案者に至るまで、複数の聴衆に効果的かつ迅速に仕事について話すように指導する。

ワークショップ2の中心的なエクササイズのひとつは、《ハーフ・ライフ》（エクササイズ集10.2）である。参加者はこのゲームを通して、シーン内の拍子を発見し、より効率的なストーリーテリングのスキルを身につける。科学者や医師はこのエクササイズを通して、自分たちが伝えたいことの中から、一般人にとってもっとも心が躍る魅力的な要素を発見できるようになっていく。多くの場合、科学者は専門家だけが理解できるような、その分野の背景や実験の詳細説明から始める。彼は魅力的な結論、つまり「それで？」を話の最後まで取っておく。その結果、この分野に精通していない聞き手は、早々に興味を失ってしま

図10.2　エクササイズ中の参加者たち

う。《ハーフ・ライフ》は、参加者が「結論」、つまり視聴者を魅了するための中心的なメッセージをすばやく見つけて、それを最前面に出すことに役立つ。参加者はこのエクササイズの中で、自分たちの伝えたいことをまず2分間、それから1分間、最後に30秒に圧縮することを強制される。コミュニケーションにおいて、このルールが参加者のストレスを生み出し、この状況で自分たちの中からどんな感情が湧き出てくるのかを探求することになる。前述のように参加者は、常に自分の感情的な反応に慣れているわけではないため、エクササイズの最後に、自分の中で起きた感情的な経験について話し合うことは重要である。例えば参加者に、なぜ《ハーフ・ライフ》の間に、心拍数が増したのかを考えてみましょうと勧めてみるのもいいかもしれない。

　またわれわれは、鮮明でわかりやすい言葉で話すことの重要性を説明するために、アルダ・センターの例を用いる。最初にわれわれは、参加者に研究概要の記述を共有する。「わたしは、河川の行楽的および生態学的価値を損なう外来河川種である貝殻類を研究しています」。ここにいる参加者なら、これが正確な説明だとすぐに思うだろう。しかし、聴衆にとっては、この研究者が何を研究しているのかまったくわからないだろう。実際には、他分野の専門家でさえ、すぐには理解できないかもしれない。次にわれわれは、それに替わる研究の概要を共有する。「わたしは下水の流出のように見える茶色い塊で、岩からにじみ出る鼻クソのような、ある種の藻類を研究しています。これらはとても大きくなり、川を塞いだり、魚を殺したりしています」（Dealing with Complexity 2016: 2）。このユーモラスな説明は、メッセージの中核を醸し出し、科学になじみのない聴衆に、意味を伝えることができる。同時に重要なのは、このような説明が、話し手と聞き手の人間関係を円滑にして、室内での緊張をやわらげる笑いを引き出す可能性をもっているということである。また「岩からにじみ出る鼻クソ」のくだりは、専門家の権威や地位と引き換えに、聴衆との相互のやりとりを行いやすくしてくれる。このエクササイズでは、エクササイズ《ミラー》の「フォロアーをフォローする」などの概念や、エクササイズ《ピクチャー・ストーリー》の生き生きした説明の重要性を再確認することができる。それでも参加者の中には、最初の要約の方が、科学的に正確で正しいので適していると強く訴える人もいる。われわれはファシリテーターとして、このような挑戦を歓迎する。なぜならこのような挑戦的な意見は、これらのエクササイズの意味と応用のしかたについて、より豊かな探求を可能にしてくれるからである。このような反対意見があるからこそ、コミュニケーションは共創のプロセスであるということについて、話し合うことができる。そして複雑さが増していく前に、聴衆に対してわかりやすい言葉を使

う必要性も理解される。

　ワークショップ2のもう1つの目玉は、《曖昧な対話》(エクササイズ集10.3) の
エクササイズである。このエクササイズは、非言語的なコミュニケーションを通
して、どれだけ伝えることができるかを考える機会になる。多くの場合、プレ
ゼンテーションの練習をする際は、もっぱら口頭のメッセージに焦点を合わせて
いる。《曖昧な対話》は聴衆との信頼性を高め、関係を築く上での非言語的メッ
セージの重要性を明らかにする。さらにスレピアンらの研究 (Slepian et al. 2014)
では、笑顔を見せて、アイコンタクトをうまく行い、患者との話し合いのときに
怒らなかった医師は、患者の健康上の課題改善に重要な役割を果たしたことがわ
かった。したがって、非言語コミュニケーションの勘所をすぐに使うことは、参
加者たちにとって明らかに必要なものだった。

　《曖昧な対話》では、4人の参加者が台本を使って短い対話を行う。これは唯
一、一般的な「演技」練習のようなエクササイズである。そのため参加者が、お
互いに応用インプロに慣れる十分な時間をとれるよう、2回目のワークショップ
の後半まで使うべきではない。エクササイズ内では、4人のボランティア (2組
のペア) が同じセリフで対話を行うが、各組は異なる設定で実行する。観ている
聴衆は、対話の内容が同じであることを知らされない。ファシリテーターは、両
方のペアが演じた後、この2組の対話のセリフは同じであり、非言語的要素のみ
が変化したことを告げて、エクササイズで用いられた2つの異なる関係と文脈を
推測するように促す。2つの関係についてコンセンサスが得られたら、この関係
を推測するために、どのような非言語表現が手がかりとして役立ったかについて
話し合う。表現をした「俳優」に、どう行動するかを相手と相談したか、割り当
てられた関係をどのように直感的に行ったかについて尋ねる。これはシーンを
演じた人々が、俳優ではなかったことを参加者に思い出させる素晴らしい機会と
なる。パフォーマンスを行った参加者は、非言語コミュニケーションのみを使い、
これらの役を「演じる」方法を知っていた普通の人々なのである。誰でもすでに
そのスキルをもっているので、この非言語コミュニケーションを思い出しさえす
れば、自分のプレゼンテーションの中で活かすことができるのだと参加者に説明
して、自信を促すことができる。それから科学と医療の情報をコミュニケーショ
ンするために、非言語的な合図を使うという文脈へと話を向けていく。そして参
加者に、自分たちの話すストーリーを補完し、聴衆とより強い関係を築くために、
非言語的な合図を使う方法を考えるように促す。人目を惹く公開インタビューの
ような、言語および非言語的なコミュニケーションの実践の機会を控えている参
加者に対しては、このエクササイズは特に大きな効果を発揮する。

ワークショップ3 ── メディア・インタビューのトレーニング

　ワークショップ3では、最初の2つのワークショップで学んだことを、想定される聴衆の前で、記者とのメディア・インタビューというシナリオで練習することができる。ロールプレイにより、複雑なトピックに関する魅力的なメッセージを、台本化されていない形式で計画・開発・配信するのだ。各インタビューの後、すべての参加者に対して（「聴衆」として）、インタビューで際立ったことは何だったか、どのようなストーリー・説明・比喩が記憶に残るものだったか、どの点が不明確なままだったか、専門用語に強く依存していたかについてのフィードバックを行うように促す。ワークショップのファシリテーターは、各参加者に異なる想像上の聴衆を設定してもらうことができる。このワークショップの部分については、訓練を受けたジャーナリストに手伝ってもらうことを勧める。訓練されたインプロバイザーは、もちろん注意深く耳を傾け、インタビューの質問にすばやく返答する能力はあるが、ここでは、できるだけ現実のメディア・インタビューを、厳密にシミュレートすることに価値がある。プロのスタジオを借りられる場合は、インタビューを録音して、参加者に勉強と復習のためにインタビューのコピーを渡すことも検討する。

　応用インプロ・トレーニングは、科学者や医師がコミュニケーション・スキルを習得するための大きな可能性を秘めているが、このようなトレーニングの期待と結果についても明確にしなければならない。特に職業上の規範や個人的習慣に深く根ざしているコミュニケーションにおいて、行動の変化が起きるまでには、かなりの時間と実践を要する。したがってファシリテーターは、ストーリーテリングと科学的な分野での報告を組み合わせることで起こる抵抗を予測するだけでなく、1回のワークショップやワークショップ・シリーズに参加しただけでは、習慣を変えるのには不十分であることを認識するべきである。ワークショップ・リーダーは、継続的なコミュニケーションの実践と開発の重要性を強調すべきである。

足場をつくる

　最初のワークショップで、参加者に対して、各エクササイズはその前に行った

エクササイズにもとづいていること、各ワークショップはその前に行ったワークショップが前提になっていることを説明する。リスクの低いエクササイズ（名前ゲーム・アイスブレイクのゲーム）から始めて、リスクの高い、より複雑なエクササイズ（《ハーフ・ライフ》、メディア・インタビュー）へと積み上げていく。参加者に、それらのつながりをうまく考えるよう勧める。例えば、《ハーフ・ライフ》のエクササイズを振り返るときは、《ミラー》エクササイズと《ピクチャー・ストーリー》から学んだ教訓を当てはめてみるように参加者に伝える。そうすることで、参加者は自分の伝えたいメッセージの中心を発見すると同時に、聴衆のニーズに注意を払い、あざやかで感情的な説明を行えるようになる。また各ワークショップを、その直前のワークショップの振り返りから始めることで、参加者に重要な学びを思い出させることができる。われわれがワークショップのリマインダーをメールで送るときは、ワークショップ内に組み入れる内容を反映させる。例えば最初のワークショップの前に、有名なコメディアンのコルベアが、物理学者グリーンにインタビューしたビデオクリップを参加者に送る。コルベアとひも理論について説明しているときの、グリーンの言葉選びと非言語的コミュニケーションについて考えるよう参加者に伝える。このトレーニングは、インタビューで人が、どのように即興スキルを使っているかをしっかりと観る機会となる。これらの方略は、参加者が即興活動の目的を研究室・診療所・教室での経験に結びつけやすくなるよう設計されている。医師や科学者が非常に線形で論理的な思想家として訓練されていることを考えると、これらの方略は、参加者にとってすぐに役立つと感じることができるため、ここまでに述べてきた「足場を築き上げるテクニック」に対して良い反応を示す。

聴衆を念頭においてプログラムを設計する

　応用インプロワークショップを高等教育に取り入れる際に考慮すべきことは、次のとおりである。高等教育機関は、しばしば変化に抵抗し、多くは伝統に浸っている。これらの長年にわたる伝統的な実践は、教員の社会化の一部となっている。またこのような社会化は、教員が階層や威信を尊重し、崇敬さえすることを重要視する。これらすべては、インプロバイザーが価値をおくものと正反対のように見える。それでも多くの学術プログラムでは、よりチーム・ベースの研究と学際的な協働の重要性が認識されている（Rossing and Hoffmann-Longtin 2016）。したがって、即興のトレーニングと学際的なチームビルディングとの間に明確な関

連性を示して、即興は単に面白いだけで構造や厳密さに欠けるという認識を打ち消すように備えるのである。

　あなたは、ワークショップ・シリーズへの自発的な参加と非自発的な参加の違いを検討したいと思うかもしれない。われわれは、プログラムへの参加を自己選択した教員や大学院生のグループと協力して、大きな成功を収めた。ワークショップは、積極的に評価され「マスタークラス」や追加のトレーニングの要望をいくつかもらった。一方で、生物医学科学の博士課程1年生のグループでは、あまり成功しなかった。この学生たちは、1年次コースの一環として、プログラム参加が義務付けられていた。このプログラムの学生たちは自発的な参加者に比べて、応用インプロの手法と複雑な作業を聴衆に提示する必要性の関連をあまり見出すことができなかった。トレーニング・プログラムを検討する際に、プログラムへの参加を必須にすることの長所と短所についてクライアントと話し合うようにすること。やむなく参加した参加者に対して、自分にできることを現実的に考えること。またワークショップを依頼したクライアントや参加者と、早い段階で信頼を確立するようにすることが大事である。

　特に成功した方略のひとつは、トレーニングの開発に際して「内部の関係者」と組むことである。パートナーまたは「ガイド」として手伝う意思のある科学者や医師がいるかどうかをクライアントに尋ねることで、複数の目標を達成することができる。まずパートナーシップは、早期に対処する必要があるかもしれない抵抗や懸念すべき領域についての情報収集に役立つ。パートナーは実際のトレーニングが行われる前に、課題とそれらを軽減するための方法発見を助けてくれる。またパートナーシップ方略は、即興の専門用語を科学・医学・高等教育の文脈に「移す」ために役立つ。現場で使われている言葉を使うことによって、あなたは信頼性を確立し、参加者と共に学ぶ意欲を示すことができる。さらに応用インプロ・ワークショップの成果と目標を認定基準に結びつけるためには、科学や専門の健康教育プログラムの認定要件や認定基準に精通することもいいかもしれない。

　最後に高等教育の場で、より多くの人々にワークショップの意義を届けるための伝え方を提案する。例えばワークショップ・シリーズに興味をもってもらうために、われわれは長いシリーズから4つのエクササイズを含む2時間の予告編的なワークショップを行った。これらの短いワークショップの体験型トレーニングでも、コミュニケーション習慣を学び、実践し、振り返る機会を参加者に提供できる。またきわめて負荷の高い仕事をしている参加者にも、機会を与える。繰り返しになるが、これらの予告編的な伝え方は、継続的な実践と開発の基盤を伝えるにすぎないことを明示することが必要である。

われわれは「科学を理解する」ワークショップ・シリーズを5回開催した。参加者からのフィードバックは力強いもので、ほとんどの参加者は、聴衆と同じ視点に立って考えることへの自信と能力が高まったことをあげている。応用インプロ・ネットワーク内では、トレーニングの長さ・期間・セッション数の利点と制限を探求し続けることを重要視している。データを収集し、方法論の有効性について十分なエビデンスにもとづく結論を得ることは、科学界に手を差し伸べるときに特に重要となる。今日まで公表されているデータの大部分は、主に患者や医療チーム間の対人コミュニケーション・スキル（共感や傾聴など）の構築に焦点を当てる医療改善のトレーニングからもたらされている（例えば Boesen et al. 2009; Watson 2011）。われわれは現在、ワークショップからデータを収集しており、複数の機関にまたがるデータ収集を調整するために、多数のアルダ・センターの関連団体と協力している。

　即興は、科学や医療分野の従事者にとって、伝統的なスピーチやメディア・トレーニングを超える機会を提供する。応用インプロのアプローチは、参加者に対し、専門家としてのアイデンティティと自分たちの分野を一般人に理解してもらうための関与をきちんと考えるように求める。まだ探求の初期段階だが、IUPUI と IUSM で採用した3部構成のワークショップ・シリーズは、科学者と医師が聴衆との関係を築き、共同で理解を生み出す能力の育成を支援する重要なステップである。われわれは、医師・科学者・一般人とのギャップを埋めるための最初のステップとして、高等教育・科学・健康への一般市民の関与を高めることを目的とした組織に、AI の実践者が手を差し伸べることを勧める。

11

創発という概念について
── キース・ソーヤー、ニール・マラーキーとの対話 ──

ファシリテーター：テレサ・ロビンズ・デュデク

ＴＤ：テレサ・ロビンズ・デュデク
ＮＭ：ニール・マラーキー
ＫＳ：キース・ソーヤー

ＴＤ：この対談では、ニールとキースに共通する話題を2つ設定したいと思います。1つめは、創造性・イノベーション・協働に関して。2つめは、理論がどのように実践に貢献し、実践がどのように理論に影響をもたらすかという点です。はじめに、ダニエル・ピンクの理論について質問します。彼の理論では、わたしたちは誰でも販売行為の只中にいて、教師であれCEOであれ、誰もが何かを売ろうとしていると述べられています（Pink 2012）。アイデアとか、スキルとか、知識とか。そしてピンクは、今の世の中で、「売る」という目的のために即興スキルが欠かせないと信じているようです。わたしたちは本当に何かを売ろうとしていると思いますか。

ＮＭ：わたしたちは自分の言葉や行為によって、他者に影響を与えたいという気持ちがあるので、その意味では何かを売っていると言えます。しかし、ピンクにとってのインプロが、本来の価値以上の値段で商品を売り込む技術を意味するのかどうかは、よくわかりません。わたしにとっては、ひとりでは創れない何かを、その瞬間に隣にいる誰かと一緒に創り出すことが、インプロです。

ＫＳ：人間の社会生活全般が即興だという主張には賛成です。人の認知機能の全般は即興です。即興は、応答的で相互作用的な在り方の本質ですから。クリエイティブな行為主体である他者がいるとき、次にその人が何をするのか、あなたにはわかりません。あなたが何をするかは、その人にはわかりません。基本的に、対人関係全般はそういうものなのです。わたしは主に、創造性や創造プロセスに

焦点を当てています。そのプロセスは、たとえ個人が単独で創造する場合でも、決して直線的な道筋ではなく、うろついたりジグザグに辿ったりする行程となります。そのプロセスからアイデアが現れ出てくるのです。それはある意味、素材や周囲の世界との対話であり、その対話が即興的なのです。[1]

わたしはインプロを、心理学や社会学などさまざまな理論とつなげて論じています。しかしセールスは、わたしがインプロと関連づけるにふさわしいと思うトピックのトップ10にも入りません。たいてい、セールスというと、インプロは人を丸め込む手練手管とつなげて解釈されてしまうでしょう。それではインプロの応用としては見当違いです。セールスを、交渉の場、つまり2人の交渉者間の即興的な相互行為と捉えるなら、いいでしょう。効果的なセールスの場では、両方の交渉者が価値ある何かを得るものです。片方だけが得をするような取り引きは成立しません。両者にとって得るものがある着地点を見つけるプロセスこそ、即興なのです。

NM：キースは音楽をやりますよね。即興演奏でも、共演者と何かを与えたり与えられたりしているうちに、楽曲と歌詞が現れ出てきます。お互いの音を聴き合う「対話」は、完全に共有物です。インプロの素晴らしさは、個人が完全に独立した個であると同時に、完全にチームの一員でもあるところです。わたしが強調したいのは、インプロでは、個であり全体の一部でもあることが可能だということ。インプロの素晴らしさは、わたしたちの相反する欲求、つまり独立欲求と所属欲求の両方に応えられる点にあります。

わたしが何か失敗をしたとして、相手がそれを価値あるものとして喜んでくれたり、失敗を転じて成功に変えてくれたりするときにも、喜びを感じます。わたしがつまらない音を弾いてしまっても、それを新しいメロディの一部に取り入れて活かしてくれるように。わたしが差し出すものが何であっても、パートナーが必ず受け取ってくれる、それがインプロの喜びです。今この瞬間に起こることがどの方向に転ぼうとも、そこに向かって一緒に進むということ。

わたしが販売員たちにインプロを教えるときは、傾聴を中心テーマに据えます。本当の傾聴はジグザグなプロセスで、そこから何かが生まれます。1つのアイデアに向かって直進する場合、目的地に辿り着くまでのプロセスは豊かなものにはなりません。

TD：ギブとテイクに関連して。集団のフロー体験、つまり持てる力を出し切って即興的に協働している集団が到達する心理状態について、キースは『グループ・ジニアス（*Group Genius*）』（Sawyer 2007）で説明していますね。フロー状態の「閃きの連続」で突き動かされる創造性は、個人が単独で生み出しえるものを超

越して、もっと驚きに満ちて、想像力豊かな結果を導くということです。ニールのザ・コメディ・ストア・プレーヤーズなら、きっとフロー状態に達したことがあると思います。集団フローの知について、どのように講演やワークショップの受講者に伝えていますか。

NM：役者たちがフロー状態にあるかどうかは、はっきりわかります。わたしたちは半時間のミュージカルを演じるのですが、シーンで起きたこと、おそらく意図せず誰かの口から出てしまったことが、いつの間にかストーリーの骨子になっていくのは、見ていて嬉しくなります。

　昨夜やった西部劇では、街に来た新しい保安官が「名前のない男」であるのに、彼の住所はみんなに知られているという状況が起こっていました。そのため街の住民たちが「お願いですから、街に来て保安官になってください」という手紙を書いて、その住所に送ったということにしました。さらに後半には「本当にこの男は、わたしたちが手紙で呼んだ人物なのだろうか」という疑惑が生まれ、別の住人が間違って封筒を受け取ってしまったというフラッシュバックへと発展します。その男は「実は俺は保安官ではなく、マジシャンの助手でダンサーなんだ」と告白します。つい口から出てしまった2つの職業ですが、どうしたことかギャングを倒すのに役立ってしまいます。役者たちは普通なら「失敗」の原因になるものをうまく利用して、大団円につながる要素へと変えました。これがわたしにとっての「フロー」です。苦し紛れに言い放ったひとことが、瞬間の連なりの中で雪だるま式に膨らんで、素晴らしい結果になります。

　組織で働く人々は、頭では理解できても、現実の会議はそのように運ばないので不満を抱えています。みんながバラバラの方向を向いて、まとまらないのです。それでもごく稀に、全員がアイデアを出し合い、ボールを追いかけ、パスし、集団フローを感じるときがあるといいます。わたしたちは週4時間の限られた時間にフローに到達することを目的に集まりますが、「普通の」人たちは40時間も一緒に働くのですから、毎日フロー状態にあるわけにはいきませんよね。

TD：集団フローにおける管理職の役割についてキースが書いているように、自律性や権威性が管理者ではなく集団の対話プロセスに託されて、メンバー全員が対等な立場になる必要があります。

KS：わたしが考えているのは、即興の概念、それ以上に創発の概念です。つまり、全体は個の総和より大きいという考えです。特に組織においては、新規で創造的なものはすべてボトムアップで立ち現れるということが、研究で明らかになっています。ひとりの聡明な管理職やリーダーが優れた洞察力を働かせて、その人が考える方向へ組織全体の舵を切るという方法では、イノベーションは起こ

らないし、組織として成功しているとは言えません。創造的である必要のない組織であれば、マニュアルや管理コントロールを強化することが成功につながるでしょうが、今日の組織や会社は創造性やイノベーションが成功に欠かせないことを認識しています。

　ボトムアップの創造には、個人が創造的に行動して新しいアイデアを生成することが許容されるような、柔軟性と自由が不可欠です。また、人々が集まって対話するとより良いアイデアが創発されるような、協働の文化がなくてはなりません。アイデアは、集団の中の個々人からではなく、集団から創発されるのです。

　秩序に欠けまとまらない組織のあちこちから即興的にアイデアが出て来てもカオスになるだけなので、秩序が強すぎる組織と同様、創発は期待できません。何らかの手引きやビジョンが必要です。下から湧いてくるもの、即興で現れ出てくるものを方向づけるような秩序を提供するために、トップダウンのような感じでやる部分も必要です。イノベーションを管理する上で難しいのは、ボトムアップの創発のための自由とトップダウンで提供する手引きのバランスがちょうど良くなるポイントを見極めることなのです。インプロにも同じことが言えます。さまざまな原則があるからこそ、効果的に即興ができるのです。完全に自由なインプロなどありません。

NM：インプロでは、ストーリーを続けていくために、秩序を創発します。演じるプロセスで立ち現れてくる小さな素材を使いつつ、それらの素材がストーリーにどう位置づけられるか発見してゆくのです。ザ・コメディ・ストア・プレーヤーズには、たくさんの秩序があります。キースが言うところの文化です。「イエス・アンド」の文化とか、役者どうしの信頼の文化とか。

　もっと公的な秩序もあります。公演は定時に開始し終了します。チケット販売は別組織のザ・コメディ・ストアがやっています。食事・飲み物・照明・保険の手配もしています。演目の順序もいつも同じです。繰り返し使う秩序もあれば、立ち現れてくる秩序もあるのです。後者は、2度同じものが繰り返されることのない、僕たちのステージ上の会話や行為として現れます。

　ビル・クリッチリーという人が、「最小限の秩序、最大限の自律」ということを話していました。[2] これはキースが言うことと同じで、カオスにならないためには十分な秩序がなければならず、同時に、ボトムアップの創造性のためには十分な変動がなければならないということです。ラルフ・ステイシーの言う「境界のある不安定さ」と、ロナルド・ハイフェッツの「適応型リーダーシップ」[3] は呼応しています。ハイフェッツは、「技術的修正（technical fix）」は問題を悪化させると警鐘を鳴らします。さっき話した西部劇の例で言うと、誰かが割って入って新

144

しい保安官に名前を付けて「修正」することもできました。しかし、もしそうしていたら、ストーリーの全容が徐々に明らかになっていくようなフローの機会を潰していたでしょう。

　僕たちの基本ルールは、傾聴と受容（イエス・アンド）です。シンプルなようで、ある意味とても複雑です。実際には、聴いた内容の全部ではなく、どの細部に対して「アンド」するかを、選びながら聞いているわけですから。僕たちは、活動のプロセスで秩序を創り続けていますが、その秩序の外に出ることもできるのです。

ＫＳ：わたしはジャズのピアニストで、シカゴでいくつかのインプロ集団と共演して即興演奏をしたことがあります。共演中に役者たちのビデオを撮って、後日その対話の逐語記録を作り、さまざまな会話分析の方法を使って、公演中に何が起こっていたかを分析しました。それを『即興の対話（*Improvised Dialogue*）』（Sawyer 2003）にまとめる過程で、創発の理論と出会いました。脳のニューロンや砂山の中の砂粒に興味があったわけではありません。社会集団の創発に特化して研究し、言語使用の複雑さこそ、対話する人々に固有の特徴であることを解明しました。それまで分析されていた複雑系システムにおける相互作用メカニズムは、非常にシンプルなものでした。砂山の砂粒に関しては、運動量や圧力といった物理的な作用があるだけです。しかし人間の言語と相互行為は、とても複雑でまったく別種の創発であり、これを「協働的創発」と呼んでいます。

ＴＤ：大企業の文化は変わりにくいものですが、もっとボトムアップの方法に変えたいと考えている会社があったとしたら、どうやって秩序と即興のバランスを見つけることができるでしょうか。組織文化の重要性をどう考慮に入れますか。

ＫＳ：文化を変えるには、あまりに多くのことを変えなければなりませんので、たいていの会社は断念します。管理職は、トップダウンという在り方を省察してみるということに不慣れです。管理職の思考は、将来を予測しての計画を設計することに向けられます。しかしこれは、インプロでは行わないことです。

　組織の主要部署の運営には、イノベーションは不要ですし、おそらく望ましくもありません。ところが、そういった部署が、組織に大金をもたらしているのです。わたしは決して、会社が100パーセントの力をふり絞って即興や創発に取り組むべきだとは思いません。では望ましいバランスは、と言われると、それは難しい。多くの会社では、イノベーション研究部署を独立させて作り、別のビル・州・国に置いています。こうやって、組織の主要部署は退屈な仕事を効率的にこなし続け、クリエイティブな人たちは別の場所で根本的に異なる文化を創るので、文化の刷新が組織全体まで及ぶことはありません。

ＮＭ：リーダーシップの難しさは、即興の要素と効率・安定の要素を両立させることにあります。キースが指摘したように、イノベーション研究部署が離れたところに創られるのを見るたびに、面白いと思っています。ジョン・クリースは1991年の講演で、開かれたモードと閉ざされたモードの話をしました。開かれたモードは「クリエイティブ」で、閉ざされたモードでは決められたアイデアや計画が実行に移されます。それでは、同時に両方のモードであるということは可能なのでしょうか。リーダーたちは、十分に安定性を感じられる秩序のなかで、フローを生み出す空間を創らなくてはなりません。

ＴＤ：ニールはどうやって、理論を深く理解するインプロバイザーになったのですか。

ＮＭ：以前からビジネスに当てはまると直感していたことに関して、その理論を学んだことによって、確信が強まりました。直観に厳密さが加わったのです。例えば、創発や複雑系の理論を知ったとき、これはまさにインプロだと思いました。パターンの存在です。シーンを理解するときには、そのシーンが終わってからでないと、どんな経緯でそういうシーンになったのか、本当にはわからないのです、きっと。キルケゴールは、人生は前に向かって生きるけれども、人生を理解するときは後ろ向きだと言いました。即興のシーンの中では、夫と妻のシーンになるのかと思っていると、2人とも幽霊だということになったり、ご近所どうしになったりします。シーン前半のこういうドタバタの瞬間は必要不可欠なのです。インプロのシーンに筋道をつけるのが早すぎると、そのシーンは死んでしまいます。間違いはインプロの源でもあるのです。前述の、名前が言えないカウボーイの例みたいに。

ＴＤ：キースは、クライアントが実践を下支えする理論をつかむのは大事だと思いますか。

ＫＳ：わたしは研究を通して、上演されるインプロには日常の社会生活に近似する特徴があるということを発見しました。わたしは科学者なので、理論は役立つと思っていますが、インプロをする人全員にとって、理論に精通している必要があるかはわかりません。実践を重ねるうちに、うまく協働できるようになってゆくものと思います。インプロでは、どう知るかというより、どう在るかが大切だからです。

ＴＤ：次に待っているのは何だと思いますか？　どのような学術分野や芸術的手法が、インプロの影響を受けて発展していくでしょうか？　さらに、全学校でインプロが必修科目になったとしたら、世界はどうなるでしょう？

ＮＭ：インプロはすべてのクラスで教えるべきだと思います。小学校、中学校、

高校、もちろんビジネス・スクールでも。インプロは、学校では「ドラマ」という名前の授業で、ビジネス・スクールでは創造、協働、またはリーダーシップと呼ばれる授業で、教えられることがあります。端的に言えば、即興とは限られた素材を使ってベストを尽くすことです。これは、インプロでは本当にそのとおりです。見逃されがちな素材をもとに、他者や世界や自分自身の中に新しい何かを創り出すのが、芸術科目（美術・演劇・音楽・その他）なのです。

　インプロを理解して気軽に楽しめれば、もっと多くの人々が、もっと多くの選択肢を持てるようになります。インプロのマインドセットになれば、有益なやり方が自然に現れ出てくるし、誰もが輝く個人でありつつチームの一部でもあるような、もっとうまく機能するビジネスや組織が実現するでしょう。

ＫＳ：協働するチームでいつどのような学びが起こるか研究した論文が、たくさんあります。学習するチームは、芸術でも科学でも、どんな教科でも成果をあげます。インプロのエクササイズは、学習者たちが協働する方法を理解するのに役立つかもしれません。しかし、インプロだけが唯一の方法というわけでもないと思います。あらゆる科目のあらゆる教師に、学習者に効果的な協働を促すことのできる指導者であってもらいたい。それぞれの科目内容に深く根ざすような協働の学びが、もっとも効果的だと思うからです。

ＴＤ：大好きなキース・ジョンストンからの引用で締めくくりたいと思います。「イエス」と言う人は冒険で報いられ、「ノー」と言う人は安全で報いられる（Johnstone 1979: 92）。この対談に「イエス」と言ってインプロのコミュニティに大きな貢献をしてくれたニールとキースに感謝します。

エクササイズ集

1.1　《さかさま自己紹介》

　参加者4 〜 25人ほどで行う。通常の自己紹介に代えて、ワークショップの開始に使用するとよい。ペアで6 〜 10分話して互いに知り合った後、グループに対して、パートナーになりきって、パートナーのことを一人称で自己紹介する。この即興的な紹介を通して、参加者たちに親密感とつながりが生まれる。

このエクササイズで得られること

- 創造的で親密な方法で互いについて学ぶ。もし既存のチームで行えば、以前より豊かな情報が得られるし、新しいグループで行えば、すぐよく知り合うことができる。
- 他者がどう受け止めているか —— 何がパートナーの機微に触れたか、影響を与えたか —— を聞き・見る。その結果より自分自身について学ぶ。
- ある「キャラクター」を演じる経験をする、直接的で簡単なステップとなる。

エクササイズのやり方

1. 参加者にペアになるように言う。あまりよく知らない人どうしが望ましい。
2. 3 〜 4分で、1人がパートナーに自己紹介をする。フリップチャートかスライドに、1つか2つの質問を書いておく（例えば、子ども時代のこと・なぜそれが大事なのか）。質問はワークショップのテーマと関連させてもよい。
3. 役割を交代して同じように行う。
4. 全員が行ったら、全員の前で自己紹介をするが、**パートナーになりきって一人**称で行う。パートナーのジェスチャーや喋り方をどんどん使ってよいと奨励する。

振り返り

- 自分のパートナーになって自己紹介をしたのはどう感じましたか？
- パートナーが、自分になりきって自己紹介するのを見たり聞いたりして、どう感じましたか？

- 通常の順々に自己紹介するのと、どう違った経験をしましたか？

1.2 《間違えた?!》

ウォーミングアップに適しており、強力な学びがある。参加者の名前を覚えることに加えて、「間違えた」のは自分であると宣言して、間違えたことへの盛大な支持を受ける。

このエクササイズで得られること

- 自分やパートナーの失敗に反応する、これまでとまったく異なるアプローチを経験する。
- 参加者の多くの名前を覚えることができる。
- 間違いがプレイの機会となるときに生まれる仲間の一体感を経験する。
- 間違いに対する自分の反応が、どのように他者の感じ方に影響するかに関する気づきを高める。

エクササイズのやり方

1. 5 〜 10人のグループを作り、それぞれが輪になる。
2. 1人ずつ名前を言う。互いに名前を知っているグループの場合、ニックネームやスーパーヒーローの名前などでも良い。
3. グループの全員の名前を覚える時間を90秒ほど与える。
4. デモンストレーションとして、ひとりが輪の反対側にいる誰かを指して、その人の名前を言う。指された人は別の人を指してその名前を言う。次々と、リズミカルに指さし、名前を言わなくてはならない。
5. もし指さしたパートナーの名前を思い出せなかったり、間違ったり、止まってしまったりしたら「間違い」である。間違えた人は両手をあげて「間違えた!?」と楽しそうに言い、大きくお辞儀する。輪の他の人は拍手喝采をする。
6. 間違えた人は輪から抜けて、別の輪に参加する。
7. 別の輪に入ったら、自己紹介をする。別の3人が指さされるまでは、彼を呼び指してはいけない。もしその前に彼を指さしてしまったら、間違いとなる。

振り返り

- どうでしたか？ 間違った人は手をあげてください。
- 間違いを犯したとき、どのように感じましたか？

- エクササイズを続けていくうちに、間違いについての感じ方がどう変わりましたか？
- これはいつもあなたが間違いをしたときの対処法でしたか？ なぜそうではなかったのですか？
- 自分の間違いに拍手喝采されたとき、どう感じましたか？
- 間違いを歓迎することは、リスクを負うこと、創造性、リーダーシップにどんな影響がありますか？
- 間違いを受け止めたり見つめたりするのを難しくしているのは何ですか？
- 間違いを扱う上でのリーダーの責任は何でしょうか？

連関事項

著者はこのエクササイズを、初期の応用インプロ・ネットワーク会議で学んだ。1日あるいは複数日のワークショップの中途でこのエクササイズを用いると、参加者を活気づけ、名前をよく覚え、またインプロの原則を強化することができる。

2.1 《ウーッシ・バン・パウ》と《失敗したらお辞儀》

グループ全体で行う。リスクを負うこと、間違いを恐れないことを奨励するエクササイズである。

このエクササイズで得られること

- ソフトなフォーカスをもつこと、聴くこと、この瞬間に留まることを学ぶ。
- 「失敗」を肯定的な結果として受け止める経験をする。つまり、恥じたり、隠したりすることなく失敗することができる。
- サポーティブな環境において、小さな失敗をすることでリスクマネージができる。
- ストレスや不安を低減するツールを学ぶ。

エクササイズのやり方

1. 輪になって立つ。
2. デモンストレーションを行う。右の人の方を向いて、「ウーッシ」をパスする。「ウーッシ」と言って、エネルギーを送るように手を動かす。さらに隣の人にパスするように促し、「ウーッシ」が輪を一周するまでパスを続ける。次に、今度は左へ「ウーッシ」を一周回す。

3. グループがほぐれたら「バン」を持ち込む。隣の人に、自分に「ウーッシ」を回すように伝え、「ウーッシ」が回ってきたら、腕を胸の前でクロスさせ、「バン」と言う。「バン」は回す方向を変えるルールだと伝える。「ウーッシ」を回そうとした人は向きを変え、反対方向に「ウーッシ」を回す。

4. 両サイドの人から「バン」を言われたときに、必然的に「ウーッシ」は行き止まる。このとき自然に「パウ」を導入する。「ウーッシ」を持っている人は誰でも、輪の向こう側の人にアイコンタクトして、手をたたいて、すぐさま「パウ」と言いエネルギーをパスする。「パウ」を受けた人は、どちら側の人にでも「ウーッシ」を回すことができる。

5. エクササイズの途中で以下のように振り返りを行う。

   A：少しゲームを進めた後、いったん中断して、ディスカッションする。リスクを楽しんでいますか？ 間違えないように、ゆっくりやっていませんか？ このゲームをもっと楽しむにはどのようにしたら良いでしょうか？（スピードを上げる、関与を高める、あえて失敗する、など）

   B：失敗することの利点をグループで話し合う。間違えるとどんな良いことがありますか？（失敗から学ぶことができる。思いがけない贈り物が得られる、など）。

   C：グループに《間違えた?!》（エクササイズ集1.2参照）を教える。誰もが手をあげ、お辞儀をして「間違えた!?」と言うことができることを伝える。お辞儀をしたとき、グループ全体は盛大に褒め称える。これをデモンストレーションし、全員がペアかグループで練習してみる。実生活の「失敗」の話をしてもらう（大きなことでも小さなことでも、なんでも。例えば、試験で失敗した。ミルクをこぼした。臭い消しを付け忘れた）。グループはそれぞれの失敗を称賛する。

6. 「ウーッシ・バン・パウ」を再開する。失敗したと思ったら、いつでも「間違えた!?」のお辞儀をするように伝える。

振り返り

- 積極的に失敗しようとすることでゲームはどのように変わりましたか？
- 自分の失敗（ゲーム中、実生活）を称賛されてどのように感じましたか？
- 仲間が失敗を称賛されているのを見てどのように感じましたか？
- あなたの生活に影響しそうなことは何でしょうか？

- ある参加者が「バン」を過度に使っていたら、それは、他の参加者をブロックしたいというサインである。
- 「バン」が過度なために著しくエクササイズのペースが遅くなるときは、「バンする前にウーッシを一周させなければならない」というルールを作る必要があるだろう。
- ある種の人（特になかなか行動を変えられない人）にとって、失敗を称賛することを理解するのは難しいかもしれない。しかし大部分の参加者は、失敗を称賛されることにワクワクする。《失敗したらお辞儀》を教えることは、失敗に対する不安をなくす枠組みを提供することである。
- 実生活での失敗を知られたくない参加者には、「あなたを称賛していいですか？」と尋ねる。
- 「失敗」は荷が重い言葉だと感じるかもしれない。しかし、元気よく「間違えた⁉」と言うことにより、「わたしは失敗して間違いを犯した。そしてそこから学ぶことができた。そして失敗しても自分は大丈夫だし、素晴らしい」と失敗を捉え直す機会となる。
- 間違い――完全な失敗をすることも含めて――をどのようにして失敗にしないようにするか、振り返る。代替案として、「おっと」「えらいこっちゃ」などの「より軽い」言葉が使われるかもしれない。しかし、参加者に「失敗」という強く重い言葉を改めて使う機会を与えることは非常にインパクトがある。

連関事項

《ウーッシ・バン・パウ》は《ジップ・ザップ・ゾップ》や《ジップ・ザップ・ボイーン》の別バージョンである。このエクササイズのすべてのバージョンは、オファーを受け入れ、作ること（イエス・アンド）、オファーを向け直す（イエス・バット）、オファーをブロックすること（ノー）の概念を参加者に教えることができる。「ウーッシ」はイエスであり、オファーを受け止めてエネルギーを同じ方向にすばやく動かし続ける。一方「パウ」は受け止めてから、オファーを輪の向こう側に向け直す。たいていここでスピードが少し落ちる。「バン」は「ウーッシ」をまったく受け入れず、ブロックする。

2.2 《サイクル・オブ・ディープ・イエス・アンド》

ペアになって、共同でシーンを創ることで「イエス・アンド」の力を実感する。

- 「イエス・アンド」がシーン中でどう活用されるかを経験する。
- 「イエス・アンド」がどのように、そしてなぜ、強力な概念なのかを理解する。
- 「イエス・アンド」のより大きな枠組みを理解することにより、「イエス・アンド」を内在化し、シーンのワークや日常生活において活用できるようになる。

1. 2人を除き、参加者に聴衆として座ってもらう。2人はパーティの計画をしていると告げられ、その詳細のオファーを出す（例えば、パーティに風船がいるね）。2人をA、Bとする。
2. 以下のラウンドごとに、2人の新しいプレーヤーが行う。
3. **ラウンド1**：他の参加者にわからないように、Bにすべての発言を「違うね、〜した方がいいよ」で始めるよう指示する。以下についても同様に、他の参加者にわからないように、Bに次のようにオファーを開始するよう伝える。
   - **ラウンド2**：「そうだね。もしくは・・・」
   - **ラウンド3**：「なるほど。だけど・・・」
   - **ラウンド4**：「そうだね。それなら・・・」
   - **ラウンド5**：「そうしよう！」

- どのパーティに参加したいですか？ それはなぜですか？
- それぞれのパーティについて、どんな気づきがありましたか？ どちらのパーティの計画がよく練られていましたか？ 通常、次のような評価が得られるが、ファシリテーターから、以下のような構造的な支援が必要となることもある。
   - 「**違うね。〜した方がいいよ**（No, We should）・・・」のパーティ：計画が決まらない。言い争いになったり、合意が得られなかったりしたまま終わる。
   - 「**そうだね。もしくは**（Yes, Or）・・・」のパーティ：計画が決まらない。多くの意見が出るが、前に進まない。
   - 「**なるほど。だけど**（Yes, But）・・・」のパーティ：「違うね。〜した方が・・・」と同じように、言い争いになって終わる。
   - 「**そうだね。それなら**（Yes, And）・・・」のパーティ：実際の計画（ヘンテコなものであっても）が決まる。アイデアはつながっている。（なぜこのパーティは計画を決められたのか？どうして決められたのか？と参加者に尋ねる。）

- 「そうしよう（Yes）！」のパーティ：たいていの場合、計画は決まる。しかしAがすべてを決めて、Bからのサポートがない。時々どこにも進まないこともある。なぜならAがすべてを決めることにプレッシャーを感じ、意欲を失うからである。（「そうしよう（Yes）」と言っているが、なぜこれでは足りないのか？否定はしていないのに、なぜこれが助けにならないのか？と参加者に尋ねる。）
- これらはどのように、インプロにつながっているのでしょうか？
  - われわれは共に創り上げている。互いのアイデアに「イエス」し、パートナーの良さを引き出しながら、互いのアイデアを積み上げていくことができるようになる必要がある。なぜならわれわれはその場で共にものごとを創り上げているため、協働のために、自分たちのアイデアと他者のアイデアをつなぐことができるようになる必要があるからである。

振り返り2

　グループが「イエス・アンド」の基本を理解したら、本当の「イエス・アンド」の意味を互いに探求する。ボードに《ディープ・イエス・アンド・サイクル》の図を描く。最初に「イエス・アンド」、次に「オファー」「気づき」「受け入れ」「追加」と順番に書き足す。各々の新しい言葉を書いた後に、矢印でつないでいく。そして次のように説明する。

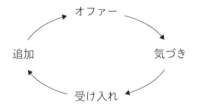

「ディープ・イエス・アンド・サイクル」

- オファー：インプロにおけるオファーは、プレーヤーの発言と行動のすべてである（付録A参照）。
- 気づき：オファーを受け入れる最初のステップは、オファーがなされたことに気づくことである。注意を払っていないと、すべてのオファーを見落としてしまう。
- 受け入れ：次のステップは、オファーを受け入れることである。これはすべてのオファーに対して**常に**イエスを言わなくてはならないということではない。

しかし他のプレーヤーがオファーした**現実**を受け入れなければならない。例えば、Aが「牛乳はいかが?」と言ったときに、Bが「いや、ありがとう。今日はコーヒーが飲みたいので」と応えるか、「これは牛乳じゃないね」と応えるかの違いに気づくことである。後者はAのオファーを受け取っていないため、シーンを進めることが難しくなる。

- 追加:次の段階は、他者のオファーに加えることである。上記のシナリオであれば、「あ、ありがとう。牛乳が大好きなんだ」もしくは、「いや、ありがとう。今日は牛乳って気分じゃないんだ」と言える。

それぞれの段階がどのように重要なのかを話し合う。気づきの段階を飛ばしたら、何が起こるか? 人生において、気づくことと受け入れることの間の「余白」で、何が起こるか? もし他者のオファーやアイデアに気づいたのに、自分のオファーやアイデアで無碍にしてしまったら、何が起きるか? オファーが受け入れられなかったら(ブロックされたら)、どんな気持ちになるか? オファーを踏まえると、ストーリーやシチュエーションはどのように変わるか?

連関事項

このエクササイズは、キース・ジョンストンのオファー/ブロック/アクセプトのエクササイズがもとになっている。

2.3 《ニュー・チョイス》

このエクササイズは、言語的・身体的オファーを多様な方法で作り直すことによって、柔軟性と自発性を高めることができる。

このエクササイズで得られること

- 柔軟性と自発性が増し、よりリスクを負えるようになる。
- 自分が決めていたストーリーや課題に固執することがより少なくなる。
- 新しい結果や途中での方向転換を経験することに、よりオープンになる。

エクササイズのやり方

1. 2人でシーンをスタートさせる。任意のポイントで、ベルを鳴らして「ニュー・チョイス」と声をかける。プレーヤーは、セリフや動きを少し戻して、新しいオファーを出す。満足がいくまで、何度か「ニュー・チョイス」

の声かけを続ける。ベルが鳴り終わったときの最新のオファーからシーンを続ける。

A：おはよう、おばあちゃん（ベルが鳴り、「ニュー・チョイス」）

A：おばあちゃん、調子はどう？（ベルが鳴り、「ニュー・チョイス」）

A：おばあちゃん、僕だよ。最愛の孫だよ。おばあちゃんのカナリアをかわいがりに来たんだ（ベルは鳴らない）

B：そうかい。会えて嬉しいよ。はい、カナリア。

2. 身体的なオファーに対してもベルを鳴らすことができる。

振り返り

- ベルが鳴って中断されている間、どんな感じでしたか？
- 初めのオファーをあきらめなければならなかったとき、あなたの反応は何でしたか？ 2回目や3回目のオファーも「ベルが鳴らされた」とき、それはどう変化しましたか？
- ベルをならされたパートナーを見て、何を思いましたか？
- 新しい選択を思いつくことは、どれくらい簡単／難しかったでしょうか？

アドバイス

このエクササイズが難しい参加者もいる。参加者が止まってしまったなら、「新しい感情」「新しいジェスチャー」「新しい話題」などとサイドコーチしたり、参加者に探索してほしい他の調整（言語的・身体的）を提案したりする。

このエクササイズはグループが輪になって立ち、一緒に行うこともできる。例えば全員に、「お母さんに挨拶をして」と言う。「ニュー・チョイス」と言ったら、全員が違う方法でもう一度挨拶をする。

3.1 《ネーム・アクション》

グループ全員で行うエクササイズで、名前をユニークな体の動きと結びつけることで覚えやすくする。

このエクササイズで得られること

- みんなの前で、ユニークな体の動きをするというリスクを負う。
- 他の参加者が動きながら言う名前を聞き、受け入れ、繰り返すことで、《イエス・アンド》の概念を適用する。

• 輪の中で、他者とのつながりを高める。

1. 参加者全員が輪になって立つ。
2. 参加者は1人ずつ、自分の名前を言い、名前に合わせた動きをする（例：腕を大きく広げる）。
3. それに応えて、グループ全員で名前と動きを繰り返す。輪のすべての人が、名前に合わせたユニークな動きをするまで続ける。
4. 名前を覚えるために、すばやく2回目3回目を繰り返して行う（同じ名前と動きを使う）。
5. その後、「コール＆レスポンス（呼びかけと応答）」形式でゲームをする。自分の名前／動きをしてから、他の人の名前／動きをする。今度は、名前を呼ばれた人が自分の名前／動き、他の人の名前／動きをして、続けていく。すべての人が名前／動きを最低2回行うまで続ける。

振り返り

• どの動きが面白かったですか？ この活動で難しかったところは何ですか？
• もっと練習した方がいい名前があるかを聞いて、参加者が自分たちで修正できるよう、自由にやりとりできる時間を設ける。

アドバイス

• 他者の体の動きをよく見て繰り返すよう促す。これは参加者が今この時に集中し、自分自身の心配事から離れて、他者とつながる助けとなる。
• 参加者の選択を肯定して（すごい！ わあ！ 柔軟！）、特に、最初、迷ったり自分の選択に懐疑的になったりしている人を励ます。
• 参加者が上手になってきたら、ペースを速くしてレベルを上げる。「だんだん上手になってきたね。スピードを上げてみよう！」
• もっと難しくしたい場合は、名前を省略して動きだけを使ってみる。

連関事項

　このエクササイズは、声（音）と身体表現（動き）を通して他者とつながることを求めるさまざまなエクササイズから作り直したものである。特に、他者とつながり、他者をよく見るエクササイズがもっと必要なグループには、スポーリン（Spolin 1963）の「オリエンテーション」ゲームの中にある《動きを始めたのは誰》

や基本的な《ミラー》エクササイズを勧める。

3.2 《警備員》

　全員で行うエクササイズであり、警備員の動きに反応することが求められる。警備員以外は全員「生きた彫刻」になり、一緒に静止したポーズをとってシーンを作るが、動いているところを警備員に見つかってはならない。参加者は、ほんの小さな動きでさえ自分たちのつながり方に大きなインパクトをもたらすことに気づくだろう。

このエクササイズで得られること

- グループですばやく連携をとる。
- 個々の動きとグループの動きの間のリズムを感じる。
- 意思疎通を図るのに言葉よりもアイコンタクトやボディランゲージを使う。
- 他者と協力して緊張状態や困難を克服する。

エクササイズのやり方

1. 参加者は全員で夜の美術館の彫刻になる。全員で1人の彫刻になっても群像の彫刻になってもよいと説明する。
2. 参加者の中から1人、最初に警備員になってくれる人を募る。
3. 警備員は美術館の警備員のように、ゆっくりと歩き回り、時々止まったりする。他の人は全員、美術館の彫刻になるが、警備員が見ていないときを狙ってすばやく動き、新しいポーズをとって彫刻になる。
4. 彫刻は、動いているところを警備員に見つかる前に静止しなければならない。
5. 警備員が動いている人を見つけたら、そのままの役を続けるか、見つかった人に新しい警備員になってもらうようお願いする。見つかった人が警備員役を引き受ける場合、警備員だった人は彫刻の一員に加わる。そしてゲームを続ける。

振り返り

- 自分のゲームへの取り組み方はどう変わっていきましたか？
- 言葉を使わずにどうやって仲間と連携してポーズを作りましたか？
- 警備員役のとき、どんな気持ちでしたか？
- 上記のような質問をすることで、連携やコミュニケーションにおける自分のや

り方や他の人のやり方に対する気づきを促すことができる。

- 参加者どうしが協力しポーズを作るよう声かけする。
- 思い切ってリスクを負うように促す。
- 警備員役には、プレーヤーが動いているところが目に入っても、たまには彫刻役を続けさせるようアドバイスする。参加者は、しばしば「動いた！」と見つけることを目的にしてしまいがちである。これは、人生に安全を感じている者にとっては楽しいかもしれないが、トラウマがある者にとっては、この繰り返しがトラウマの引き金になる可能性がある。こうすることはまた、グループが連携を図るための時間を与え、エクササイズを深いものにしてくれる。
- 彫刻役にはいろいろな姿勢（立つ・座る・膝をつく・横になるなど）を試すようアドバイスする。

3.3 《音と動き》

全員で行うエクササイズで、参加者がお互いに注意を払い、わずかな変化を受け入れ、コミュニケーションを行う。

このエクササイズで得られること
- 体全体や声の抑揚まで含めて他者の変化を観察する力を養う。
- ユニークなしかたで体を動かし、声を使う。
- 間違いをも組み込むことの楽しさや興奮を発見する。
- 他の参加者との結びつきを得る。

エクササイズのやり方
1. 参加者全員が輪になって立つ。
2. 自分の右側のプレーヤーに、シンプルな「声」と「動き」を送る。
3. それを受け取った人は、自分の右側のプレーヤーに向かって、受け取った声と動きをできるだけ同じように真似して送る。
4. 輪のすべての参加者が、直前の人がしたことを真似して回していく。最初の声や動きに変化があったり付け加えられたりした要素（クスクス笑う、目が動く、唸り声を出すなど）があれば、それをそのまま真似る。
5. みんなのエネルギーが続くまで行い、参加者が笑いすぎて続けられなくなっ

たらやめる。

- 気づいたり取り入れたりしたことをどう感じましたか？（これは、競争よりも協働が生産的であることについて話し合う基礎となる。）
- 始まってから終わるまでにどのような発見がありましたか？（これは、新しいアイデアや間違いに細心の注意を払い、その価値を見出したときに革新が起きるのを理解する助けとなる。）
- 「間違い」(例えば、最初の声や動きになかったジェスチャーや音を加えたなど) によって、どのような変化がありましたか？
- この経験を通して、間違いをすることに対する考えがどのように変わりましたか？

アドバイス

- 参加者に、前の人を頭からつま先まで完全に真似してみるように伝える。
- 参加者がわずかなニュアンスまで取り入れたら、褒める。
- 参加者全員に一周やってもらい、それから、声や動きのパワーを少しずつ上げていくよう促す。

連関事項

これは《パワー回し（Energy Pass)》(Fotis and O'Hara 2016) としても知られる。同じように真似をするゲームはたくさんあり、グループの他者に対する気づきを高めるために行われる。その他の気づきを促すエクササイズとしては、ボアール (Boal 1992) の《連続するリズムと動き》や《スペース・シリーズ》のゲームを勧める。

4.1 《スナップ・パス、手たたき、足ドンドン、喝采》

このエクササイズは2人でもできるが、大勢で行うと良い。騒がしく、ダイナミックな雰囲気を作り出し、参加者は深刻な危機的状況下のように、集中力を失う。

このエクササイズで得られること

- 災害時の混沌とした状況のような騒がしい環境下で、集中を保つ経験をする。
- 「注意を失った」ことに喝采を受け祝福されることで、参加者は失敗したとい

う感情をすばやく解放できる。
- 立ち現れる危機に対応するために重要な「やり直し」を実践できる。
- 仲間とのつながりの中でパフォーマンスを改善していくことができる。

エクササイズのやり方

1. 参加者にペアを作り、互いに向き合うよう指示する。すべてのラウンドでペアを変えずに進める。
2. **ラウンド1：1, 2, 3**

   交互に3まで数える。以下はそのパターンである。

   A：Aさん「1」

   B：Bさん「2」

   C：Aさん「3」

   D：Bさん「1」

   E：Aさん「2」・・・のように、どちらかが混乱してこのパターンが崩れるまで続ける。

   F：どちらかが失敗したら、2人でまるでオリンピックメダルを取ったかのように喝采をあげる。
3. **ラウンド2：スナップ・パス、2, 3**

   参加者に「1」の代わりにスナップ・パスするよう伝える。これは新しいパターン（スナップ・パス、2, 3）である。どちらかが失敗をしたら、先ほどよりもさらに熱狂的に喝采をあげる。
4. **ラウンド3：スナップ・パス、手たたき、3**

   「2」の代わりに手をたたく。これも新しいパターン（スナップ・パス、手たたき、3）である。どちらかが失敗をしたら、ロックスターのようにさらに喝采をあげる。
5. **最終ラウンド：スナップ・パス、手たたき、足ドンドン**

   「3」の代わりに足をドンドン踏み鳴らす。これが最後のパターン（スナップ・パス、手たたき、足ドンドン）である。どちらかが失敗をしたら、雷鳴がとどろくかのごとく、互いに喝采をあげる。

振り返り

- このエクササイズ中にどのような気持ちになりましたか？
- 失敗をしたときに喝采をあげることで、どんなことに気づきましたか？
- エクササイズにおいて、簡単だったこと、難しかったことは何ですか？

- ラウンドが進み、より早く、より騒がしく、より混沌とした状況になる中で、あなた自身やあなたのパートナーについてどのようなことに気づきましたか？

アドバイス

もし参加者が間違わない場合は、スピードを速める。グループの人数が少ない場合には騒がしい音楽をかける。

連関事項

これとは別の、多重にやってくる情報への参加者の覚醒水準を高める面白くて効果的なエクササイズとして、スポーリンの《3種の会話》(Spolin 1963) がある。

4.2 《スナップ・パス》

参加者はこのエクササイズで、「状況に気づく」ことを経験する。状況に気づくとは、危機的な状況の中で問題を解決するために、自分の周囲にいる人・資源・立ち現れてくることに気づくことである。参加者が16名以上のときは、グループを分ける必要がある。

このエクササイズで得られること

- 今起きていることや次に起きることに対して積極的に気づくことの練習となる。
- すばやく動き、実践することを経験する。
- グループメンバーと非言語でコミュニケーションをとる経験をする。

エクササイズのやり方

1. 輪になり、お互いに顔が向き合うようにする。
2. 参加者全員にスナップ・パスするように伝える。
3. **ラウンド1**：一方方向にスナップ・パスを回す。

   Aさんは右隣のBさんと向き合い、スナップ・パスをする。BさんはAさんのスナップ・パスを受け取ってスナップ・パスし、それから右隣のCさんにスナップ・パスを回す。このパターンを同一方向に続け、輪を一周させる。それぞれの参加者は2度、スナップ・パスをすることになる。一度目はキャッチするとき、もう一度はパスをするときである。
4. **ラウンド2**：輪をまたいでスナップ・パスを回す。

   Aさんが円をまたいでXさんにスナップ・パスを回す。Xさんはスナップ・パ

スでそれを受け取る。Xさんは輪の中の誰に対しても回すことができる。ゲーム中、輪の中にスナップ・パスが1つだけ回っているようにする。

5. ラウンド3: スナップ・パスをはねさせる。

今度は、部屋の中でスナップ・パスを「はねさせる」。例えば、Aさんは、Xさんに明確にアイコンタクトをしながら、スナップ・パスを床ではねさせる。Xさんはそれを、まるで床から跳ね上がってきたかのようにキャッチする。参加者に、他の人から離れたところにはねさせないようにさせること。それ以外はどうはねてもよい。

6. ゲームリーダーがスナップ・パスをキャッチして、飲み込んだらゲームは終了となる。

振り返り

- スナップ・パスを回したり、キャッチしたり、輪の中を行き来するのを見て、どんなことに気づきましたか？
- エクササイズを振り返って、何がエクササイズをより簡潔に／難しくしましたか？
- 言葉を使わないでグループで活動することで、どんなことに気づきましたか？
- 深刻な危機的状況下において使える「状況への気づき」について、どんな経験をしましたか？

アドバイス

もし、参加者の誰かがスナップ・パスができなければ、「スナップ・パス」と口で言わせてもよい。多様性のあるグループで行う場合であれば、参加者に自分の文化に特有のスナップ・パスをデモンストレーションしてもらうこともできる。

連関事項

このエクササイズは、著者がトファー・ベラビアから教わった。そのほかの「状況への気づき」エクササイズについては、スポーリンの《ボールゲームと音伸ばし》(Spolin 1963) がお勧めである。

4.3 《ギブ・アンド・テイク》

参加者は16名かそれ以下のグループで、リーダーになったり、リーダーから降りたりしながら、「流動的リーダーシップ」のコンセプトを練習する。このエクササ

イズで、参加者は流動的な方法で、どのようにリーダーシップを与えたり（例えば、歩いている人が止まる）、とったりするか（例えば、参加者が歩きだし、歩いていた人が止まる）を経験できる。

このエクササイズで得られること

- グループ全体が、立ち現れている状況に焦点を当てる経験をする。
- 周りで起きている活動に注意を払い、グループとして、別のアクションをいつ始めるのがよいかを決める練習ができる。
- 「ギブ・アンド・テイク」のインプロにおける原則を経験する。
- グループにおいて活動が生じるかすかなパターンを感じ、それらにどう反応するかを学ぶ。
- リードをとる経験、そしてリードしているところを見られる経験をする。

エクササイズのやり方

1. 参加者に部屋を歩き回るよう指示する。そして、「止まれ」と言う。
2. **ラウンド1**：1人が動く。

   動いたり止まったりを続けるように伝えるが、このラウンドでは、一度に1人だけ動くことができ、他の人は止まっている。1人だけが、フォーカスを「とって」いる（つまり、空間を動いている、もしくは歩いている）。そのとき、他のすべての参加者はフォーカスを「与えて」いる（つまり、動きを止めている）。

   - すべての参加者は、誰が動いているか／止まっているかに注意を向けていなければならない。そして言葉を使わず、いつ動くかを決めなければならない。リーダーとなっている人が止まったら、他の誰かがすぐに引き継いで動く、もしくは歩かなければならない。あるいは他の参加者が動き始めるには、フォーカスをとっていた者が新しい「リーダー」にフォーカスを与える必要がある。

3. **ラウンド2**：2人が動く。

   ここでは2人が「共同リーダー」として、いつでも空間を動ける。動きを見ながら、常に2人だけが動いている状況を作る。

4. **ラウンド3**：3人が動く。

   最後に3人がいつでも空間を動くことができる。

振り返り

- エクササイズをより簡単に／難しくしたのはどんなことでしたか？

- 空間にいるすべての参加者に注意を払ったことについて、どう感じましたか？
- 空間を動くと決めたときに、どんなことを感じましたか？
- 見ているときと動いているときのどちらがより簡単／難しいと感じましたか？
- 1人以上が動いているとき、どちらがより焦点をあてやすい／あてにくいと感じましたか？

アドバイス

もし、グループが1人だけ動くことに困難を示していたら、歩くスピードを遅くするように伝える。参加者がカップルのダンスのように「交代」のパターンを作っていないか注意する。ランダムに動いたり止まったりするように挑戦させること。

連関事項

このエクササイズは、スポーリンの《ギブ・アンド・テイク・ウォーミングアップ》（Spolin 1963）の応用である。立ち現れてくる状況のすべてのシーンに参加者が関わることに焦点を当てた他のエクササイズとして、ボアールの《スペース・シリーズ》（Boal 1992）がある。

5.1 《わたしは木です》

対象人数は6人から24人まで。《イエス・アンド》を学ぶのにとても効果的な方法である。面白くて、人どうしが新しい形で知り合ったり、一緒に仕事をしたりすることを学ぶのに役立つ。言葉は最小限しか使わない（多言語グループに適している）。言葉だけでなく身体も使うので、参加者は受け身にならずに、積極的に学びに参加することが期待できる。

このエクササイズで得られること

- 遊びの感覚でやりとりができる。
- 心理的に安全な風土を生み出す。それは笑い・開放的な態度・アイコンタクト・互いの支持的な関わり方に見てとることができる。
- 「イエス・アンド」の考えを心の底から経験する。
- セッションの振り返りで《わたしは木です》で使われた喩えを《イエス・アンド》と対比させながらディスカッションすることができる。
- 経験を共有した後にエクササイズの場面を振り返ることができる（例えば、ジョーが雨傘になって場面に雨を加えたとき・・・）。

1. 参加者は輪になって立つ。輪の中央に行って、次のことをするボランティアを募る。「真ん中に出て加わって、木みたいに見えるポーズをとり、「わたしは木です」と言います。」

2. ボランティアにお礼を言い、これから3人で像を創り、最初は木から始めると言う。

3. グループ全員に、木の像の中に他に何があるかを尋ねる。

4. 例えば、参加者が「鳥の巣」と言ったら、いい例だと認めて、その参加者に木に加わって、「わたしは鳥の巣です」と言うように頼む。

5. 最後にもう1人最初の像に招き入れ、例えば「わたしはひな鳥です」と言いながら加わる。

6. 次の指示を行う。像を**最初**に始めた人が**最初**に抜けて、「わたしは鳥の巣を連れて行く」とか「わたしはひな鳥を連れて行く」と言ってどちらかを連れて出る。

7. 最初のボランティア（例えば木）が、鳥の巣かひな鳥を連れて輪の列に戻る。輪の中心に残っている参加者に、もう一度何であるかを言ってもらう。「わたしはひな鳥です。」新たに2人の参加者に一度に1人ずつ加わって、ひな鳥から始めて新しい3人の像を創るように言う。

8. 全員が最低1回は像の中心になるまで繰り返す。

9. 教室の全員が参加して最後の一枚の像を創って終了する。例えばフットボール選手から始めたとしたら、スタジアム、コーチ、ファン、フットボールなどが付け加わるだろう。

- 仲間について、また自分自身について何に気づきましたか？
- このエクササイズで簡単だったのは何ですか？
- 教室の風土をどのように説明しますか？
- 教室の風土は、もし変化したとしたら、どのように変化しましたか？
- 感じたことをひとことで言ってください。
- 「イエス・アンド」、「関与」、「ありのままの自分でいる」と思ったのはどこでしたか？

気が進まない参加者には、「同じアイデアでいいですよ」と言ってあげる。例えば

最初の参加者が「うさぎ」だったなら、2番目の参加者も「2番目のうさぎ」になれるというように。全員に少なくとも一回の参加を促す。ここでの焦点は、新しい行動を試し、その勢いを継続させることであり、立派な「木」を演じることではない。しかし参加しようとしない者には観ていることも許す。

連関事項

筆者はこのエクササイズを「BATSインプロ」のレベッカ・ストックリーから学んだ。彼女はドイツ人のインプロバイザーから学んだ人から学んだ。《わたしは木です》はレベルアップすることができる。グループでしばらく続けた後、ベルを鳴らして「シーンを始めて」と言う。像の中の3人（例えば木、鳥の巣、ひな鳥）は、演じているキャラクターが動くシーンを始めなければならない。そして再び像を創ることに戻る。**シーンを次から次へと演じることはお勧めしない**。動きのあるシーンにするのは、面白いつながりを持った生き生きとした像が現れていると感じるまで待つようにする。この段階になると《わたしは木です》は素晴らしいストーリー創りのエクササイズになる。

5.2 《それが好きなところは》

このエクササイズによって、参加者は「イエス・アンド」を使ったときの喜びに目覚めると共に、傾聴することの感じをつかむ。会話のプロセスをゆっくり進める、つまり参加者に自分のアイデアを言う前に、他者のアイデアで気に入っている点を言うよう求めることで、参加者は自分自身が他者を傾聴できているのかどうかをより自覚できるようになる。

このエクササイズで得られること
- すべてのアイデアを一緒に創り上げていくような風土の中で、他者と協働する経験をする。
- 傾聴しているか／していないかという点に関して、自分の傾向を内省する。
- 可能なことを広げるために想像力を駆使する。

エクササイズのやり方
1. 参加者に小グループを作ってもらう（3人から8人）。
2. それぞれのチームは設計チームであり、決められた手続きに従って新しい製品を設計すると伝える（例えばトースター）。

    a. 1人が1つの特徴をトースターに付け加える（例えばスロットが6つあるなど）。

    b. その左隣の人が「それが好きなところは」と言って、パートナーが言ったことを受けて締めくくる（例えば、それが好きなところは、夫と息子とわたしが同時にトーストを食べられるから）。そのトースターにもう一つ特徴を付け加える。「そしてわたしはそのトースターは青がいい。」

    c. 次の左隣の人が「それが好きなところは···」と言う。

3. どれか1つのチームでデモンストレーションしてみる。
4. 2つの要素を付け加える。資源には制限がなく、物理法則は適用されないこと。
5. 全員でソファーを設計するように伝え、みんなが2、3回参加するまで続ける。

振り返り

- 「それが好きなところは」と言わなければならないことで、簡単だったこと／難しかったことは何でしたか？
- 驚いたことは何でしたか？
- 受け入れることと同意することの違いは何でしょうか？
- うまくやるためにグループで何をしましたか？
- 仕事場におけるコミュニケーションのしかたに比べて、このプロセスはどうでしたか？
- もし一日中、聞いたことすべてに「それが好きなところは」と答えたとしたら、どんな違いが生まれるでしょうか？

アドバイス

　参加者は、「それが好きなところは」と言うステップを飛ばして、独自の特徴を付け加えてしまいがちなので、事前に少なくとも3回は、《それが好きなところは》を繰り返してデモンストレーションする。それぞれのグループを回って、メンバーがお互いにうまく助け合っているかどうか、チームメイトよりも自分のアイデアに注意が向いているのは誰かを観察すること。パートナーのアイデアに乗るのに苦戦している人がいたら、振り返りの中で、ここでの行動は良いとか悪いとかという性格のものではないということを明確に伝える。中には、このように聞くことを学ぶことが難しい人もいるからである。取り上げる物は、付け加えるアイデアが単純なものからどんどん創造性に富んだものになるようにデザインできるもの、理想的にはごく普通のもの、にしておくことをグループにアドバイスすることも可能である。

　著者はこのエクササイズを「BATSインプロ」で学んだ。これにはいくつかバリエーションがある。例えば、具体的なプロジェクトのアイデアを出すために「はい（イエス）、その考えの好きなところは … そして（アンド）わたしたちは … できます」というセリフを試してみるとよい。

5.3 《トラスト・ウォーク》

　このエクササイズは、参加者間の信頼を高め、リードする者として信頼を築きコミュニケートすることの重要性を示すのに適している。このエクササイズにはたくさんのバリエーションがある。このバージョンは人の名前だけを使うので、声の調子のような非言語コミュニケーションのテクニックを容易に探求できる。

このエクササイズで得られること

- 自分のコミュニケーションのスタイルを、パートナーのニーズに合わせることの容易さや心地悪さを振り返ることができる。
- パートナーに信頼を与え、パートナーの信頼を感じることの基本的な方法を経験する。
- リードする者としての行動と、その行動によってどの程度信頼を築いたか、または損なったかを振り返ることができる。

エクササイズのやり方

1. 参加者はペアになって、お互いの名前を覚える。
2. 1人は目を閉じ、もう1人は名前だけを使って、目を閉じたパートナーをリードしてその場をいろいろと動く、と説明する。
3. このエクササイズは、パートナーを壁に衝突させるようなエクササイズではないことを明確に言う。目的はパートナーを気遣い、パートナーが素敵に見えるようにし、パートナーに良い体験をしてもらうことである。
4. 参加者の1人にデモンストレーションを手伝ってもらう。その人は目を閉じたあなたを、あなたの名前だけを呼びながら、30秒間部屋をあちこち連れて歩く。
5. 手伝ってくれた参加者にお礼を言う。うまく案内するためにその人が何をしたか、見ていた参加者に質問する。
6. 自分たちが今気づいたやり方を基にエクササイズを進めて自分自身のやり方

を発見するように指示する。目を開けている方の人にパートナーが後ろ向き
に歩くかもしれないことと後ろ向きに歩いてくる人に注意することを伝える。
一番大事なルールは、パートナーを気遣うことである。

7. 最初の人にパートナーをリードするよう伝える。2分後にベルを鳴らして役割
を交代して、再び2分間続ける。

振り返り

- 目を閉じている方が好きだった人、目を開けている方が好きだった人は誰です
か？ その理由は何ですか？
- うまくやるために、あなたとパートナーがしなければならなかったことは何で
すか？
- リードする者としての自分について発見したことは何ですか？

アドバイス

あらかじめ床にある障害物を片づけて、部屋を準備する。可能なら部屋のドアを
開けておき、参加者が出入りできるようにしておく。デモンストレーションのとき
にビクビクしながらやると、参加者もビクビクしてしまうので、大胆にやること。
振り返りでは、神経科学との関連、例えば心理的な危険は、身体的な危険と同じ生
理学的反応を引き起こす引き金になるといった考えについて触れることもできる。

連関事項

正の強化を使って信頼を築く他の面白いエクササイズが必要ならイルカトレーニ
ングを試してほしい。これはキース・ジョンストンがよく学生とやっているもの
だ。伝統的なゲームであるホットアンドコールドと似ているがこのバージョンでは
正の強化のみが許されている。すなわち舞台裏のグループが舞台の演者にやってほ
しいと思っている秘密の課題（例えば帽子をかぶる・側転をする・誰かの膝の上に
乗る）に演者が近いことをするほど（つまり正解に近づくほど）「ディング（ding）」
という言葉をより大声でより頻繁に繰り返すことで演者をサイドコーチするのであ
る。誰もノーと言ってはいけないし否定的なフィードバックも一切してはいけない。
サイドコーチングはすべて肯定的なディング（ding）という形で行われなければな
らない。2人組で実施してもよい。

6.1 《リメンバー・ザ・タイム》

このシンプルな「イエス・アンド」のエクササイズは、さまざまなスキルを伸ばすことができる。例えば、オファーをする・受け取る、成果を手放す、パートナーが素敵に見えるようにする、ストーリーの中にとどまり続けるなど。これらのスキルは、職場のコミュニケーションに簡単に応用できる。例えば、会議の場で貢献する、積極的に傾聴する、アイデアを積み上げていく、コントロールするのではなく協働する、信頼関係を構築する、大事なことからそれないなど。

このエクササイズで得られること

- シーンの中で、どのように「イエス・アンド」をするかを経験する。
- オファーに対して、それにしっかりつながり、その価値を認めるしかたで応答する練習をする。
- 評価判断や自己検閲をすることなしに、アイデアを生み出す練習をする。

エクササイズのやり方

1. パートナーと一緒に、架空の思い出を創る。まず、「わたしたちが … したときのことを覚えていますか？」と聞くことから始め、例えば「… タヒチに行きましたよね？」、「… ヨットでスペインまで航海しましたよね？」、「あなたのいとこの結婚式に行きましたよね？」などで質問を終える。
2. それ以降の会話は、すべて「イエス、アンド（はい、そして）」で始めなければならない。例えば、

   A：わたしたちがタヒチに行ったときのことを覚えていますか？

   B：はい、そしてわたしたちは、そこのビーチで小さな小屋を見つけました。

   A：はい、そしてその小さな小屋は高床式になっていて、水面を見渡していました。

   B：はい、そしてわたしたちは毎夕方になると、その水面に日が沈むのを見ました。

   　パートナーとお互いにやりとりをするが、ひとりが話を支配して、長く話しすぎないように注意をする。
3. 話を終わらせる。始める人を交代して、何度か架空の思い出を創ってみる。

- うまくいくためには何をしなければなりませんか？ うまくいった会話はどのようなものだと思いますか？
- どこで止まってしまいましたか？
- ストーリーのどこで勢いを感じましたか？ 勢いがつくのに助けになったことは何ですか？
- もし仕事場で同じような形で話を聞いたとしたら、何が違ってくると思いますか？

アドバイス

このエクササイズは、時々「不幸の話」になってストーリーがどんどん悪い方に進んでしまうことがある。そこで参加者に、良い経験の話をするように勧め、話の筋に焦点を当てるよりも、感じたことの詳細を加えるようアドバイスする。またポジティブな関係やテーマで始めることもできる。例えば、

- 大学の親友と、卒業式の日に、入学式の日を思い出す
- 愛情あふれる祖父母が、初めての孫に出会ったときを思い出す
- 仲睦まじい夫婦が、これまでで最高の休暇を思い出す

このエクササイズをグループで行うときは、ペアを作り、2分間エクササイズを行い、パートナーを変えて、少なくとも3回行う。こうすることで、振り返りのときに、パートナーが言ったこと、言わなかったことではなく、エクササイズのプロセスについて焦点を当てやすくなる。

関連事項

このエクササイズは、著者がパトリシア・ライアン・マディソンと一緒にリーダーシップ・ラボをファシリテーションしたときに知った。パトリシアはこれをラフェ・チェイスから学んだ。コーチングで応用可能な、その他のペアで行うエクササイズについては、《それが好きなところは》（エクササイズ集5.2）と《ピクチャー・ストーリー》（エクササイズ集10.1）を参照。

7.1 《輪の中の3人》

このエクササイズは、お互いをサポートし合い、相手を素敵に見せて、大いに楽しんで、誰かのフォーカスを他者へと移動させることを目的としている。

- 抽象的なクリーチャーを創造するために身体と声を使う体験をする。
- お互いが助け合わず、遠慮していると、いかにゲームを楽しむことが難しいかということに気がつかせてくれる。
- 自分自身の傾向に注意を向ける：自分は最初に飛び込むタイプか、もしくは追従するタイプだろうか。
- もっと精神的な安全さを感じる（笑いとお互いの関わりに協力的であることによって、洗練してカッコよく見えたいという気持ちを手放すことを支援する）。

エクササイズのやり方

1. 参加者1名に、輪の中央に立ち、動きとそれに伴う音を使って、今までに見たことのないモンスターになるようにとお願いする。すぐに別の2名に参加してもらい、最初の参加者が行っている動きと音と同じことをするように言う。
2. 輪の中にいる3名は、別の3名が輪に入ってきて、まったく新しく異なった動きと声をするまで、輪に戻りリラックスすることはできないと説明する。

振り返り

- 何が助けになりましたか？
- 他の3人と入れ替わることが遅れたら、どのように感じましたか？
- もしモンスターが急速に継承されたら、どのようにリズムは変わりますか？
- あなたがモンスターになるために輪の中に飛び込むのを妨げるものは何ですか？

アドバイス

サイドコーチが投げかける言葉は以下。

- 言葉にとらわれないで、抽象的な音にして。
- 忘れないで、3人は一緒です。仲間をおいて、自分だけ輪に戻らないで。
- みんなで一緒に動くことを忘れないで。
- あなたは輪の中に飛び込むのをためらいましたか、それとも飛び込みすぎていましたか？

7.2 《1-2-4-みんな》

これは質問、アイデア、提案を作成するときの、参加者のつながりを意図したグ

ループ・エクササイズで、基本的でとても便利なブレインストーミングの構造をもっている。

- この構造を利用して会話をするとき、人々の中で変化が起こり、閃きが起こる。
- 「ゲームのルール」を使うことで、すばやくアイデアを生成できることに気がつくことができる。
- つながりを理解できる。お互いがつながり合う方法に影響を与える構造、マインドセットが実践の中にある。

エクササイズのやり方
1. オープンで正解のない質問をする。例えば「あなたの一番大きな疑問は何ですか」「ここで起こっている変化について、どんなことを考えていますか」など。
2. 参加者は、個別に自分の考えたことを、無言で紙に書いた後（1分間）、ペアになってシェアをする（2分間）。
3. 4人組になり、意見交換を行って、創発される大きなアイデアを探す（4分間）。
4. それぞれのグループから、アイデアの中から1つを選ぶ。

振り返り
- 「1-2-4-みんな」の構造は、通常の会議における典型的な話し合いの方法とどのように異なりましたか？ この構造がもつルールは、自分のアイデアを手放すこと、大いに楽しむことを、どのようにもたらしてくれましたか？ もっと気づいたことはありますか？

連関事項
- 2名でファシリテートをする場合、無言で書いている参加者を見回ることは避けること。個人作業からペアに移るとき、ペアから4人になるときは、チャイムなどを使って指示を行う。できるだけ最小限の行為にすること。
　　この構造はリップマノウィッズとマクキャンドレス（Lipmanowicz and McCandless 2013）から引用した。
- 何に驚きましたか？

8.1 《創造的解決構築》

この2部からなるエクササイズは、限られた情報を使ってすばやく創造的に考える力を拡張する。ウォームアップに続いて、対立シナリオにいろいろなスキルを応用する。最終的な目標は、対立に対する常識にとらわれない解決策をできるだけたくさん想像することである。

このエクササイズで得られること

- すばやく考え、（一時的に）合理的思考を手放すことを学ぶ。
- 通常のものごとやシナリオに対して創造的なアプローチを展開することを経験する。
- 協働して対立に向けた創造的な解決策を発見する。

エクササイズのやり方

1. パート1：ペアもしくは小グループになる。それぞれのグループに、よくある物（例えば、ボード消し、スポンジ、電話、マーカーなど）を与える。そして数分間、順番にその物をできるだけ想像的な使い方で「使う」。例えば、鉛筆を望遠鏡のようにして「のぞく」、指揮者の指揮棒のように「振る」など。参加者が「現実」に縛られないように促す。例えば「ボード消し」は「ネズミの空飛ぶ絨毯」にもなる。

2. パート2：参加者に、対立シナリオ（例えば、隣人たちが土地の境界線について言い合っている、同僚がプロジェクトやリソースについて対立しているなど）を与える。最終的な目標から現在の状態へと逆向きに発想して、考えられるすべての解決策を想像するよう伝える。そして出てきた解決策を共有して、どれだけ多くの新しい解決策が現れたかを確認する。

振り返り

- 何を経験しましたか？
- 何に気づきましたか？
- 何に驚きましたか？
- 解決策を見つけようとするにあたって、何が異なりましたか？
- これはあなたの仕事や人生にどのように関係しますか？

アドバイス

このエクササイズは順番どおりに行われたときにもっとも効果的になる。対立を解消するために、すぐに解決策に走らないように勧める。人々が意見をしっかり聞いてもらった、理解してもらったと感じ、課題が十分に探求されるまでは、解決策を示したり、解決を促したりしないように。早すぎると準備ができておらず、解決策が潜在する重要なニーズに十分対応できていない可能性がある。

連関事項

このエクササイズのパート1は、ボアールの《マグリットへの敬意》(9章参照)やジョンストン（Johnstone 1999）の《現実の物を変える》の応用である。また、慣れ親しんだ物の中に新たな可能性を見出すスキルを鍛えるためには、ジョンストン（1999）の《物を変える》やスポーリン（Spolin 1963）の《物の変形》、そして《何してるの？》(Hall 2014; Fotis and O'Hara 2016) を参照。

8.2　《ワンワード・対立バージョン》

このエクササイズでは、参加者が告げられた対立のシナリオを異なる視点から探索することができる。すべての対立には多様なナラティブと視点があり、自分自身の視点もしくは「主題」にこだわりすぎるのは視野を狭めることであるという考えのもとに作られている。

このエクササイズで得られること

- 多様な観点から対立シナリオを眺めることができる。
- 自分が真実だと思うことだけにしがみついているときに生まれる緊張を経験することができる。
- 自分のナラティブへの執着を手放すことを練習することができる。

エクササイズのやり方

ペア、3人、小グループで行うことができる。異なる成果と組み合わせを探るために、異なるバージョンを試すようにする。

1. ウォームアップとして、参加者に大きな輪になって立ってもらう。「それぞれ1語ずつ加えることでストーリーを組み立てましょう。わたしから始めます」と言う。シンプルな言葉から始める。例えば、名前、もしくは「昔々あると

ころに」の「昔々」からなど。こうして、その右にいる参加者が「ある」、さらにその右側の参加者が「ところに」と言うといった具合に進めるとガイドする。参加者にはできるだけ早く進めるように、ストーリーが展開していくことに注意を向けるように促しながら、いくつかのストーリーを創る。このエクササイズは、自分の前の人が何を言うかを待つことが必要なので、未来のコントロール（言う言葉をあらかじめ計画するなど）はできないということを注意しておく。

2. 対立のシナリオをグループに紹介する。参加者から自然に出てきたものでもかまわない。もしくは、準備したシナリオを提供してもいい。

3. グループや3人組、ペアに分けて、この対立についてのストーリーを、それについて知らない誰かに伝えるように、順番に、各自が　語ずつ加えながら創る。

4. ストーリーの終わりは、それぞれのグループ／3人組／ペアが自然と見つけるだろう。

5. お互いに振り返ってから、もっと大きなグループになってこのエクササイズについて話し合う。

振り返り

- どんな経験でしたか？
- 何に気づきましたか？
- 何に驚きましたか？
- ストーリーに何が起こりましたか？
- ストーリーが、自分の意図したものと違う方向に進んだとき、どんな感じがしましたか？
- あなたの仕事とどのように関連しますか？
- エクササイズの後、ものごとをどのように違った形で認識し、実行しますか？

アドバイス

参加者に「正しい」言葉かどうか考えないで、すばやく話すように促す。後に続く人が取り組めるように、話す際に文法的に正しくなるように指導する。一度に2、3、ないし4語を話せるようにするという選択肢もある。もしくは、さらに一度に1文言えるまで広げてもよい。

このワークはキース・ジョンストン（Johnstone 1979; 1999）の《ワンワード》の応用である。

8.3 《エモーショナル・カープール》または 《エモーショナル・メディエイション》

このエクササイズは、対立シナリオにおける感情を体験して、その影響を探求する。大人数のグループで行い、人が想像上のクルマに乗ったり、降りたりする。4人から8人までの小さなグループでの実施も可能である。

このエクササイズで得られること

- 対立シナリオの中で出会うさまざまな感情を探求する。
- 対立において感情が伝染する、または二極化する側面を経験する。
- 難しい感情的な状況に効果的に取り組む戦略を試してみる。

エクササイズのやり方

1. グループでブレインストーミングをして、対立の中で現れてくる感情をリストアップし、ホワイトボードやフリップチャートに書く。**怒り**や**恐れ**など、最初の反応にありがちな感情から、さらに広げるようにガイドする。多くのさまざまな感情がリストアップされるまで止めない。

2. 参加者それぞれに、リストから感情を1つ選んでもらう。選んだ感情を変えないでずっと関与してもらう。

3. 部屋の真ん中に、クルマのシートに見立てた4つの椅子をセットアップする。最初に運転席に座る人を募る。

4. 運転手がヒッチハイカー（他の参加者）を乗せていく。ただし1人ずつ。クルマに乗った人は全員、自分が選んだ感情を使って他の人と関わり合わなければならない。新たなヒッチハイカーを加える前に、しばらく関わり合いを続ける。「クルマが満員」になったら、運転手は何らかの理由を見つけて降り、全員が席を移動し、最初に参加したメンバーが新たな運転手となり、新たなヒッチハイカーを乗せる。

5. いくつかのバリエーションがあり、それぞれの目的がある。もし時間が許せば、下記のラウンドのそれぞれのワークを順に行う。もし、時間がなければ、グループが必要に合った1つか2つを選ぶ。

a. **ラウンド1**：クルマの中の全員が、クルマに乗ってきた人の感情に合わせる。1つの感情が増幅され、その影響力がよく示される。これは最初のエクササイズとして良いが、参加者が楽しんで、大げさになりやすい。さまざまな感情を試すと不安なくできるだろう。

b. **ラウンド2**：クルマに乗ってくる他の参加者の感情がどうであれ、自分が選んだ特定の感情にとどまり続ける。同じ状況の中にさまざまな感情が存在する経験を与える。より緊張が高まり、異なる感情が影響し合うやりとりが見られる。

c. **ラウンド3**：参加者は自分が選んだ感情から始め、他者の感情に反応する中で、一致すると感じたものに、自然に変化する。他の人の感情に影響を受け、自分の感情が変わってゆくのを認める。これは他の人と関わり合う中で実際に感情が影響される、現実のシナリオを再現し始める。

6. クルマのシミュレーションに続いて、小グループに分かれて、対立をロールプレイで演じてもらう。シナリオはその場で作ってもあらかじめ準備してもよい。トピックによって、調停者が加わる場合もある。これは調停者の役割を理解するのに役立つ。調停者は中立にとどまり続けるが、おのずからその人自身の性向も入ってくる。

振り返り（それぞれのラウンドの後で）

• どんな経験でしたか？
• 何に気づきましたか？
• 何に驚きましたか？
• 対立の中での感情は、あなたに何を伝えていると思いますか？
• これはあなたの仕事にどのように関係すると思いますか？
• エクササイズの後、ものごとをどのように違った形で認識し、実行するでしょうか？

連関事項

このエクササイズは《ヒッチハイカー》という有名なゲームを修正したものである。

9.1 《リズムマシン、パート1：ブランクマシン》

この小・中規模グループ向けのエクササイズは、3つのパートで構成され、難問

を考察したり対話を促したりする目的に応用できる。8人から20人で行うのが最適である。このエクササイズの参加者は、社会的に適切な振る舞い方に関する思い込みを捨て、相手の話を積極的に聞き、他者のオファーを受け入れることを求められる。パート1（「ブランクマシン」）はアイスブレイクや「ヒエラルキー・ブレイク」の役割を果たし、パート2とパート3でより深い対話をするための基礎となる。

このエクササイズで得られること

- 他者の考えを受け入れて発展させるということを、身をもって経験する。
- 身体的で複雑で抽象的なアイデアを作り出す。
- 集団の中で社会的リスクを冒すことを互いに許容する。

エクササイズのやり方

1. 部屋の一角を「ステージ」に見立てる。参加者には、一か所に集まりステージを向いて座ってもらう。
2. 希望者が1人、立ち上がって「観客」と向き合う。
3. この最初の希望者に、ジェスチャーと共に繰り返し音を出してもらう。言葉ではなく、音にする。息音だとうまくいかないことが多いので、短く発声するのがよい。
4. 最初の希望者に、音とジェスチャーを続けてもらう。
5. もう1人の希望者に、ステージに上がって最初の人と共演してもらう。2番目の人も繰り返しが可能な音とジェスチャーを考え、最初の人の音とジェスチャーに融合させる。
6. 「観客」側の人数が少なくなるまで、参加者を1人ずつ増やし続ける。そのたびに音とジェスチャーが重なってゆく。これが「ブランクマシン」効果である。
7. 数分間「マシン」を動かしておく。
8. サイドコーチをして、マシンを減速したり加速したりさせる。「リズムを遅くしたり早くしたりすると何が起こるだろう」とグループ全体に言うか、最初の参加者のそばに行って小声でささやくとよい。
9. 参加者と観客に感謝を述べる。
10. 全員が参加して十分プロセスに慣れるまで、手順2～9を繰り返す。
11. 振り返りを始める。

振り返り

エクササイズの各パート終了後は、参加者に「難しかったことや驚いたことは、ありましたか?」と聞いてみよう。そうすることで、参加者たちに、自らの障壁や潜在的な成長の瞬間を分析しながら経験を振り返るよう、促すことができる。パート1では、ほとんどの参加者が、社会的行動規範を超越することの難しさや、他者のリスク取りへの驚きを認めることが多い。また、参加者たちは、自分でアクティブに動いたり発声したりすると同時に互いに聞き合うことの難しさについて分析し始めるかもしれない。空間に対して自分の身体をどう使えるか、あるいは使うべきか、ということへの思い込みについて議論するかもしれない。

アドバイス

参加者は、単純すぎる音やジェスチャーを何度も繰り返す行為は大人として社会的リスクが大きいため、このエクササイズを躊躇するかもしれない。「躊躇しているなら、それを自覚して、躊躇させているものが一体何なのか、自分に聞いてみてください。それについて後で話し合う機会を設けましょう」と言葉をかけるとよい。

床の高さ、体の中心の高さ、頭上の高さ、さまざまな高さの空間が使えることを、参加者に伝えよう。参加者が同じ高さばかり使っていないか確かめたい。振り返りの前に、リズムマシン・ゲームのパート1を何回か繰り返す。

このエクササイズは、抑圧の問題に関する対話の促進にも役立つが、異なる成果を得るために応用することもできる。

連関事項

アウグスト・ボアール(Boal 1992)のリズムマシンをもとに作成した。

9.2 《リズムマシン、パート2:イメージマシン》

エクササイズのやり方

1. パート1(ブランクマシン)と同じ空間配置で行う。
2. 1人の希望者に、「観客」の方を向いて立ってもらう。
3. 「今からマシンにイメージを投影したら何が起こるか、やってみよう」と全体に話す。
4. 「愛」「絶望」「平和」のような抽象的な言葉を入れて、これから「〜のマシン」を作ると説明する。
5. 最初の1人に、与えられた抽象的なイメージ・言葉に関連する音とジェス

チャーを繰り返してもらう。例えば、「絶望」という言葉は、唸り声や、首を
たれて背を丸める動きを引き出すかもしれない。音やジェスチャーに不正解
はないのだから考えすぎずに動いてみるよう、参加者を励ます。

6. パート1の手順を繰り返す。

振り返り

参加者に「難しかったことや驚いたことは、ありましたか？」と聞いてみる。参
加者たちは、流れを止めないようにするのが難しかったことや、似たようなジェス
チャーや音があって驚いたというようなことを述べる。また、誰かがイメージの異
なる解釈をするとグループ全員の理解も変化して、バラバラのようだったマシンの
パーツも違って見えてきた、と話し合うかもしれない。

アドバイス

このエクササイズは、異なる抽象的イメージを題材にして何度か繰り返すことが
できる。「考えすぎないように。きっと脳よりも体の方がイメージを理解しているか
ら」と声をかけるとよい。イメージマシンでは、同じイメージの異なる解釈を目の
当たりにして議論するので、抽象的アイデアを具体的に話し合う上で役に立つ。

連関事項

アウグスト・ボアール（Boal 1992）のリズムマシンをもとに作成した。

9.3 《リズムマシン、パート3：抑圧マシン》

エクササイズのやり方

1. パート1およびパート2と同じ空間配置にする。

2. 1人の希望者に、「観客」の方を向いて立ってもらう。

3. 「今からマシンを使って抑圧の問題を紐解いたら何が起こるか、やってみよう」
   と全体に話す。

4. 分析してみたい抑圧システム関連の言葉（例：人種差別・性差別・能力主
   義・同性愛差別）を入れて、これから「〜のマシン」を作ると説明する。

5. 最初の参加者に、その抑圧システムに関係する音とジェスチャーを反復する
   よう頼む。

6. パート1と同じ手順を繰り返す。

参加者に「難しかったことや驚いたことは、ありましたか？」と聞いてみる。パート3では、取り上げる問題によって、参加者たちは抽象概念を具現化する困難と、それまで抑圧システムの一部として捉えていなかったイメージに接する驚きを、体験するかもしれない。そして、抑圧システムの諸要素がどのように連動しているかということを議論するだろう。マシンのパーツを演じているときの感情についても、話し合うかもしれない。

アドバイス

マシンを始める前に、参加者たちがその抑圧システムのイメージを思い描く時間を少しとる方がよいかもしれない。パート3を何度か繰り返すのはよいが、1回のセッションで複数の抑圧システムを分析することは勧めない。1つのトピックを掘り下げて具体化してみることの方が大切である。

連関事項

アウグスト・ボアール（Boal 1992）のリズムマシンをもとに作成した。

10.1 《ピクチャー・ストーリー》

グループ全員で行うことで、ストーリーテリングの影響について考えることができる。中程度のリスクと開示が必要である。聴衆との強い個人的なつながりを発展させるストーリーテリングの力が役立つであろうすべてのグループに適している。

このエクササイズで得られること

- 個人的なストーリーを共有する中で、親密さと自己開示のリスクを負えるようになる。
- 観客に影響を与える記述的なストーリーテリングの力を経験できる。
- ストーリーを使用して影響を与えるためのさらなる機会を明確にできる。
- 参加者のグループとより密接につながっていると感じることができる。

エクササイズのやり方

1. 白紙の紙を1枚持ち上げ、これはグループと共有するための「写真」であると参加者に伝える。背後にあるストーリーや写っている人々の関係を含めて、「写真」の特徴を詳しく説明する。目標は、架空の写真について、生き生きと

した魅力的なストーリーを作り、グループにとってそれをリアルなものにすることである。

2. エクササイズのお手本を見せた後、参加者にグループと共有したい「写真」があるかどうかを尋ね、自分の写真のストーリーを伝えたい人に、その白紙を渡す。ストーリーを現実のものとするか架空のものにするかを指定したい場合は、そう指示する。

3. すべての参加者（または時間が許す限り多くの人）がストーリーを共有する機会が得られるまで続ける。大規模なグループ（16人以上）の場合は、小グループに分ける。

振り返り

これらの写真やストーリーを記憶に残るものにした要素と、コミュニケーションの中で、同じ要素がどのように取り入れられているかに焦点を当てる。

- これらの写真とストーリーを、記憶に残るものにしたものは何ですか？ それはなぜですか？
- このエクササイズで、他の参加者との関係性のレベルはどのように変わりましたか？
- 単に手持ちのデータを繰り返すのではなく、自分の仕事と仕事を選んだ理由について「ストーリーを語る」ことから始めたとしたら、何が起こるでしょうか？
- 自分の仕事について、どのようなストーリーを語ることができますか？（参加者が自分の仕事のトピックを追求する個人的な動機や、特定の洞察や発見につながった予想しえなかった出来事について考えるよう促すとよい）。
- 「ストーリーの背骨」を共有し、ストーリーテリングの構造について話す。参加者に、自分の仕事のプロジェクトがどのようにストーリー構造に従っているか、自分たちの仕事を旅として、どのように捉えることができるかについて考えるように促す。

アドバイス

参加者は個人的なストーリーを共有しているので、ストーリーテリングのときはサイドコーチを避ける。「他に話したいストーリーがある人はいますか？」と尋ねて（話したい「写真」ではなく）、ストーリーを語るよう強調する。エクササイズを始めるため、ストーリーを準備しておいてもよいが、**良すぎる**ストーリーはやめるこ

と。基準を参加者がプレッシャーを感じるほど高いものにしてはいけない。すべての参加者が自分の写真について、ストーリーを語る機会を得るのが理想的だが、参加者の一部がまだこのレベルの自己開示に不安を感じている場合は、オブザーバーとして参加できるようにする。このエクササイズは、《もっと詳しく／続けて》(6章参照) と組み合わせたり、その前に行ったりすることもできる。

10.2 《ハーフ・ライフ》

このエクササイズは、参加者が簡潔で強力なコミュニケーションを学び、彼らのストーリーのもっとも重要な要素を見つけるのに役立つ。ペアで始めて、グループ全員の振り返りで終わる。より簡潔で的を絞った方法で、コミュニケーションをとる必要がある人に最適である。

このエクササイズで得られること
- 具体的で簡潔なメッセージを届ける経験ができる。
- とりとめがなく曖昧なメッセージを聞くことと比較して、一点に的を絞ったメッセージの影響力を感じとることができる。
- 編集と改良のプロセスを経験することができる。

エクササイズのやり方
ワークショップの前に、特定の研究プロジェクトや進行中の仕事について話す準備をしてくるように、参加者に依頼する。8人以上のグループの場合は、ペアで実行するのが最適である。3 〜 6人の小グループでは、1つのグループとして実行することができる。

1. ペアを組む。一方は話し手、もう一方は聞き手である。
2. 話し手は、自分の具体的な仕事を説明するために、2分間の時間が与えられる。聞き手は質問したり、話し手を中断したりしてはいけない。
3. 2分後、話し手に、共有したいすべてをパートナーと共有できたかを振り返ってもらい、聞き手は、次のことに関する話し手へのフィードバックを行う（2分以内)。
   - 要点は何だったか？
   - よくわからなかったり、不明確だったりした点は何か？
   - どんな例や説明を覚えているか？

4. 話し手にもう一度、同じ話をする機会を与える。今回は時間が1分に短縮される。聞き手はしゃべらない。

5. 話し手は、どの情報を**本当に**共有したいのか、どの情報を省略できるのかを振り返る。聞き手は話し手に、以下のようなフィードバックを行う。
   - 話し手はどのような変更をし、それはストーリーの助けになっていたか、あるいは妨げになっていたか？

6. もう一度同じ話をする機会を話し手に与えるが、今度は時間を30秒に短縮する。

7. 30秒後に、すべてをうまく共有できたか、重要な情報を言い忘れたかを話し手に尋ねる。話し手はフィードバックをする（2分以内）。
   - ストーリーの3つのバージョンで何が変わったか？
   - どのような変化がストーリーの助けになったか？
   - どんな変化がストーリーの妨げになったか？
   - よくわからなかったり、不明確だったりした点は何か？
   - どの例や説明を覚えているか？

8. 役割を交代して、手順2〜7を繰り返す。

振り返り

- 話し手：最初の試み（2分）と最後の試み（30秒）の違いを説明する。
  何が変わりましたか？ 時間が短くなるにつれて、自分のメッセージについて何に気づきましたか？
- 聞き手：パートナーはどのような変更を加え、メッセージの焦点を改善しましたか？

アドバイス

サイドコーチの例：「アイコンタクトをしてみましょう」「つながる方法を見つけてください」「1つのアイデアを、2回または3回と紹介することは、再編と呼ばれ、理解を強めることができます」「あなたの最初の衝動を信頼して」。1分と30秒の間に、話し手に次のことを思い出させる。
- 「速くではなく、賢く話す」
- 「ストーリーの核心を見つける」
- 「聴衆は何を知る**必要があるのか**」を尋ねる

さらなる学びのためには、クイーンズランド大学による「3分間論文（3MT）」プ

ログラム（University of Queensland 2008）が、研究者が技術的な概念を一般に説明す
る優れた例を提供している。

連関事項

　自分のメッセージを純化洗練させたり、簡潔で説得力のあるストーリーを作成し
たりするのに役立つエクササイズとして、《もっと詳しく／続けて》(6章参照)、《ス
トーリー・スパイン》、スポーリン（Spolin 1963）の《スロー／ファースト／ノーマ
ル》を勧める。

10.3　《曖昧な対話》

　このエクササイズでは、4人のボランティアが台本にもとづいた短い対話を読み、
演じる必要がある。このエクササイズは、非言語的コミュニケーションの手がかり
の力を明らかにする。

このエクササイズで得られること

- 身近で常識的な非言語的手がかりに関する知識を得る。
- 非言語的なやり方でのコミュニケーションの実践ができる。
- 非言語的な方法での他者とのコミュニケーション、および関係を築く方法を認
  識する。
- 声の調子、話の速さ、間、潜んでいる感情、ボディランゲージ、そしてパート
  ナーと物理的に関わる上での身体の力を習得する。

エクササイズのやり方

1.　4人の参加者（2人ペアが2組）に、以下の短い対話の台本を渡す。一方のペ
   アは、カップルが長い関係を終わらせているかのように読むように指示され
   る。もう一方のペアは、銀行を襲おうとしているかのように読むように指示
   される。残りの参加者（「聴衆」）は、対話や各ペアが演じているキャラク
   ターについての予備知識をもっていない。

曖昧な対話

　A：やぁ。

　B：こんにちは。

　A：どう、元気？

Ｂ：うん、いつもと同じかな。あなたは？

　　　Ａ：特に新しいことはないかな。

　　　Ｂ：何かわたしに言いたいことがあるんじゃないかって思ったんだけど。

　　　Ａ：何か変わったことがあった？

　　　Ｂ：知っている限りではないわ。あなたは何か変わったことがあった？

　　　Ａ：いや。

　　　Ｂ：それで、今、わたしたち何をするべきだと思うの？

　　　Ａ：前に進むことかな

　　　Ｂ：うん、いい考えだと思うわ。

　　　Ａ：本当に？

　　　Ｂ：これまでどおり。確かよ。

　　　Ａ：考え直さなくて大丈夫？　失うものは大きいから。

　　　Ｂ：いいえ、準備はできている。決めたとおり、やりましょう。

2.　会話を確認するための時間は、各ペアに数分しか与えない。グループには、2
　　つの対話を見ることになるということだけを告げる。会話のセリフが同じで
　　あることは伝えないようにする。

3.　各ペアが対話を行った後、参加者の聴衆にペア間の関係を推測するように言
　　う。対話の内容は同一なので、聴衆は関係を決定するために、非言語的な手
　　がかり（身体の動き・声の調子など）に頼らなければならない。

振り返り

・同じ言葉で、まったく異なるシナリオです。何が起こりましたか？

・登場人物は、言葉を使わずに（もしくはこの場合、同じ言葉を使って）どのよ
　うにして互いの関係を創り出していましたか？

・自分がコミュニケーションをとる際に、このやり方をどのように活用できます
　か？

・何を言うかだけではなく、どのようにコミュニケーションするかをさらに意識
　するには、どうすればよいでしょうか？

・自分の声のトーン、話の速さ、間の使用、およびジェスチャーでどんなメッ
　セージを送りたいですか？　どうやってそれを達成できますか？

アドバイス

　上記2つの関係の性質上、2つのペアはささやくように、穏やかに話すだろう。他
のグループのメンバーに声が聞こえるように、「ステージ・ウィスパー（訳者注：観

客に聞こえるようにしゃべるささやき声）」を使うように促す。

　ボランティアとして出た参加者に、コーチや行動のヒントを提供するのは避けること。参加者には、対話を数回読んでもらうが、「リハーサル」をしないように依頼する。ほとんどの参加者は、演じる最良の方法を見つけようと経験と常識に頼る。これは、非言語的コミュニケーションの手がかりからどう意味を生成するかについてのディスカッションを強めることになる。

連関事項

　このエクササイズは、クープマンとウッドの『日常の出会い──講師の手引き（*Everyday Encounters: An Instructor's Manual*）』（Coopman & Wood 2004）から援用した。でたらめ語のエクササイズも、身体表現を開発するための素晴らしいツールである。科学者や医師のグループには、スポーリン（Spolin 1963）の《でたらめ語通訳者》を特にお勧めする。1人のプレーヤーに、職場で（例えば、実験室で、または手術の準備をするとき）していることをグループに話すように指示するが、でたらめ語でしか話さないように伝える。2人目のプレーヤーに、でたらめ語をグループのために通訳／翻訳してもらう。

監訳者あとがき

　本著は、*Applied Improvisation: Leading, Collaborating, and Creating Beyond the Theatre*（2018）のイントロダクション・3章から13章・付録を翻訳したものです。

　本著が想定している読者は、日本において、演劇教育に携わる教育者、ワークショップのファシリテーター、公共機関の芸術教育担当者、企業の研修担当者・講師、NPOの職員、医療コミュニケーション部門を司る方、演劇を応用した活動に興味のある学生さんなどです。さらに応用インプロは、さまざまな場に対応できる汎用性の高いツールですので、応用インプロがまだ導入されていない場に関わる人にも読んでいただき、導入を検討いただければと思います。

　さて、わたしが本著に出会ったのは「Applied Improvisation Network[1]（応用インプロヴィゼーション・ネットワーク：AIN)」を通してでした。AINは本著が生まれた源でもありますので、簡単に説明しましょう。AINは、応用インプロ実践者の交流と応用インプロの普及を目的として、2002年に創立された非営利組織です。たった3名（ポール・Z・ジャクソン、マイケル・ローゼンバーグ、アライン・ロステイン）で始まったAINですが、現在は会員数5000名（2020年）となり、300人規模の国際カンファレンスを開催するまでに至っています。何度か参加した国際カンファレンスでは、世界中から集まった実践家たちや研究者たちが、面白くて役に立ちそうなエクササイズやワークショップを紹介しあい、経験をわかち合う刺激的なものでした。しかも楽しいだけではなく「イエス・アンドとはなにか」「どのようにインプロを応用して、社会貢献を実現できるか」など、本質的な命題に対して、忌憚なく意見が交換されていたことに驚きました。

　本著の16名の著者と編集者たちは、全員がAINのメンバーです。彼らは各国のそれぞれの組織やグループに所属して、独自に活動を行っているわけですが、同時にAINを通して学び合う仲間でもあります。つまり本著で紹介される実践は、異なる領域の対象者に対して、異なる目標を達成するための活動ではあるものの、ばらばらな価値観をもつ実践家たちによる事例の寄せ集めではなく、どんなに困難な状況でも、遊びごころを忘れず、「それはいいね！」とイエス・アンドをして、柔軟に問題を解決するインプロの共通の理念によって支えられた者たちの、ひとつの大きなムーブメントとして捉えることができるのです。

　本著の魅力は、知的・経験的な興味の両方を刺激してくれるところにあります。

構成は「イントロダクション・実践の報告と対談・エクササイズ集・用語解説」という流れです。イントロダクションでは、応用インプロに関する概念や歴史が整理されています。日本の実践者にとっては、自分たちの活動の学術的下支えとしても活用できると思います。

　それぞれの章では、応用インプロの実践によって「人間は変わり、成長できる」ということが証明されています。自分に自信がなく不安を抱えていたジョシュア、リンダ、ロイ（2章）や難民のジュリオ（3章）が、ワークを通して少しずつ自信を取り戻す姿や、患者の死や災害という困難な状況を乗り越えようとする大人たちの勇気（1・4章）、硬直化したビジネスの風土・態度・組織形態を変容させるための挑戦（5・6・7章）、社会的な問題（対立・人種・医療科学コミュニケーション）に繊細かつ大胆に変容をうながす情熱（8・9・10章）、パフォーマーと科学者による本質の探究（11章）。これらのプロセスは、まるでドキュメンタリー映画を見ているかのように臨場感のあるものです。

　「エクササイズ集」は、各章と対応しており、長年にわたる実践者の経験から練り上げられています。みなさんが試すときは、最初はこの通りに、必要ならアレンジを加えてという風にしてみると良いと思います。ここには3つの編者のこだわりがあります。まず「エクササイズで得られること」という項目です。これはエクササイズがもたらすであろう結果を示しています。ワークショップや研修を行うときは、全体の目的・目標にふさわしいエクササイズを選ぶことが重要であり、この項目はそのための手がかりです。次に「振り返り」という項目です。「すべての活動の後の振り返りは非常に重要である」（本著p.108）とあるように、振り返りの仕方次第で、参加者の学びの質が変わります。AINでは「振り返りの仕方」に関して、多くの検討が行われてきました。もし機会があれば、これらの問いを使って効果を実感してみてください。最後に「連関事項」という項目です。これはエクササイズの開発者や出先をできるだけ明示することで「リスペクト」の重要性を暗黙的に示しています。先人が考えたエクササイズを、まるで自分が考えたことのように実施するファシリテーターに対しての警告でもあります。

　本著は、全編を通して4つの特徴があると考えます。まず本著は、長きにわたる応用インプロの歴史的な「つながり」に基づいて書かれています。モレノ、ボアール、スポーリン、ジョンストンなど、演劇の即興性に「人間がもつ潜在的な力や魅力を開花させる力がある」ことを見抜いて、人や社会をより良くしようと尽力した多くの先駆者の偉業があるからこそ、いまの応用インプロがあります。そして彼ら／彼女らから学んだ本著の実践者たちが、インプロというツール

を手に異なった領域に出かけ、開拓してタネを蒔きました。もし読者のみなさんが、本著に刺激をうけて応用インプロを行うとしたら（もしくは、すでに実践しているとしたら）、みなさんはこの歴史上に位置づけられた開拓者のひとりであり、みなさんによってこの歴史は継承されるのです。

　本著の2つ目の特徴は「多様性」です。実践をみてお分かりの通り、応用インプロが許容できる対象者の年齢・職業・状況の幅はとてつもなく広いものです。したがってワークショップをデザインするときは、それぞれの状況に合わせて柔軟に考える必要があります。また本著に登場するデザインも多様ですので、各章の実践者のデザインの違いを読み比べるのも面白いかもしれません。

　3つ目の特徴は（編者のこだわりポイント）、すべての事例が「プロセス」にこだわって書かれているということです。どのように対象者と出会ったか、どのような困難さがあり、どこにイエス・アンドをして、どのように乗り越えたか。本著の実践者たちのプロセスには、ワークショップのデザインやファシリテートの秘技がちりばめられています。みなさんは、どんな技を読み解くことができるでしょうか。

　4つ目の特徴は、本著が応用インプロを伝えている・伝えたい人たちにとっての「指南書」としても読み取れる点です。本著には実践者として持つべき、3つの視点の重要性が強調されているように思います。それはインプロそのものをきちんと学び、体現できるインプロバイザーとしての視点、ワークショップ全体をデザインするデザイナーとしての視点、現場の対応を行うファシリテーターとしての視点です。本文中にもアドバイスがあるように（p.10）、応用インプロを実践したい人は、自分でワークショップや研修を実践する前に、足りないと思うことがあったら、それを謙虚に学ぶことが必要でしょう。

　さて翻訳にあたっては、多様な著者の思いを汲み取り、かつ日本語として読みやすい翻訳をするために、単なる翻訳のプロではなく、インプロを理解していて、かつ専門領域において、応用インプロのファシリテーションの経験がある方々がふさわしいと考えました。そこで2016年にAINの日本支部として発足したコミュニティ AINJ（Applied Improvisation Network Japan）で出会った方々にお声がけさせていただきました。芸術におけるインプロヴィゼーションは、異なるアイデアを持つ人々が、いかに1つのハーモニーを創作できるかということです。わたしたち翻訳チームの翻訳プロセスは、まさしく「イエス・アンド」を基盤とした創作だったといえましょう。

それでは現在、応用インプロの動向はどうなっているでしょうか。本著にも登場するニューヨークのストーニーブルック大学内「アラン・アラダ・コミュニケーティング・サイエンス・センター」の活動や2016年にオックスフォード大学出版局から刊行された *The Oxford Handbook of Critical Improvisation Studies* によって、応用インプロの活動や研究は広がっています。最近の研究では、応用インプロの効果（創造性や自己効力感の向上、組織のパフォーマンスと即興性の相関性、共創的な能力）が多く報告されています（Sawyer, 2003; Hmieleski & Corbett, 2007; Vera & Crossan, 2004; Noy et al., 2011）。またブルックリンの警察がインプロのトレーニングを採用する[2]など、応用領域は拡大しています。日本では、演劇教育の領域におけるインプロの認知度を鑑みると、応用インプロは潜在的にかなり行われていると考えられます[3]。研究も少しずつ行われています（三野宮, 2018, 2019; 正保, 2019, 2012; 葉山 & ヒュース, 2016; 中小路 & 絹川, 2015; 園部, 2015; 藤原ら, 2012; 高尾, 2010など）。2020年、新型コロナウィルス感染症（COVID-19）によるパンデミックによって、わたしたちは「どうなるか分からない」状況にあります。この現実に目を背けることなく「今ここ」を生きるためには、冷静に状況を把握して、変化を恐れず、柔軟に行動する「勇者の即興スキル」が、まさに必要とされています。さらに現在の日本には、コミュニケーション能力の欠如、自己肯定感の低下、多様性を認めない差別や偏見が社会問題となり、テクノロジーの発達に伴い、人間に必要とされるのは創造性だと言われています。これからの日本にとって、優しい方法でコミュニケーションを促し、「自分はありのままでいいんだ」という気持ちに気づかせてくれて、多様性を歓迎して、プレイフルに、寛容に、創造性を高める応用インプロは、ますます必要とされていくでしょう。本著がその一端を担えるとしたら、こんなに嬉しいことはありません。

　最後に、以下のみなさまに感謝を申し上げます。まず本出版に関して、出版社との橋渡しをしてくださった筑波大学の茂呂雄二先生、AINJの「読書会」に参加してくださった皆さま、ありがとうございました。何度もやりとりをした編者のテレサとケイトリン、わたしたち翻訳チームを信じてくれてありがとう。みなさんの意志をできる限り日本語にのせたつもりです。新曜社の塩浦さんは、辛抱強く関わってくださいました。感謝を申し上げます。

絹川友梨

【注】

[1] http://www.appliedimprovisation.network

[2] https://www.ny1.com/nyc/brooklyn/news/2019/11/07/fort-greene-irondale-theater-brooklyn-nyc-nypd-community-improv-theater-protect-serve-and-understand-program

[3] 例えば「演劇教育連盟」の夏のワークショップや文化庁委託事業戦略的芸術文化創造推進事業「エデュケーションワークショップ」には、毎年科目として「インプロ」が取り入れられている。教育出版『小学国語5年』の教科書では、インプロのエクササイズが紹介されている。

【参考文献】

藤原由香里・岡本恵太・宮元博章 2012.「即興演劇の場におけるコミュニケーションについて：身体と思考の関係に注目して」『日本教育心理学会総会発表論文集』*54*, 574.

葉山大地・ヒュース由美 2016.「発達障害を持つ当事者を対象としたインプロ・ワークショップの効果に関する探索的検討」『中央学院大学 人間・自然論叢』*42*, 3-28.

Hmieleski, Keith M. & Corbett, Andrew C. 2007. The contrasting interaction effects of improvisational behavior with entrepreneurial self-efficacy on new venture performance and entrepreneur work satisfaction. *Journal of Business Venturing, 23*, 482-496.

中小路久美代・絹川友梨 2015.「即興演劇ワークショップのデザイン学的解釈の試み」『計測と制御』*54*(7), 485-493.

Noy, Lior., Dekel, Erez., & Alon, Uri. 2011. The mirror game as a paradigm for studying the dynamics of two people improvising motion together. *Proceedings of the National Adacemy of Sciences of the United States of America, 108*(52), 20947-20952.

三野宮春子 2019.「即興、すなわち、意味と表現の共時的創造：インプロを応用した模擬ワークショップ」『英語教育学研究』関西英語教育学会紀要, *42*, 47-56.

三野宮春子 2018.「即興的発表型と即興的やりとり型のアクティビティー問題解決ゲームSOLVERSの開発とコミュニケーション分析」『英語教育学研究』関西英語教育学会紀要, *41*, 21-40.

Sawyer, R. K. 2003. *Group Creativity: Music, theater, collaboration*. New York: Routledge.

正保春彦 2012.「グループワークの心理的効果についての一考察：構成的グループ・エンカウンターとインプロヴィゼーションの比較から」『茨城大学教育実践研究』*31*, 279-291.

正保春彦 2019.『心を育てるグループワーク：楽しく学べる72のワーク』金子書房.

園部友里恵 2015.「インプロ（即興演劇）ワークショップを通じた後期高齢者の学習」『日本教育学会大會研究発表要項』*74*, 226-227.

高尾隆 2010.「大学生のコミュニケーションとインプロ授業の可能性」『教育』*60*(3), 23-30.

Vera, Dusya. & Crossan, Mary. 2004. Theatrical Improvisation: Lessons for organizations. *Organization Studies, 25*(5), 727-749.

付録A　鍵となるインプロヴィゼーションの原則と用語

　以下は、世界中のインプロバイザーに共通して用いられ、親しまれている重要な原則と用語である（あいうえお順）。ここでは、本書の事例に関係のあるものだけを選んだ（もっとたくさんあるし、それらはインプロバイザーたちに親しまれているが）。それぞれの用語法はグループや地域によって異なり、その時々の必要によっても変わる。われわれはこれらの用語を厳密に確定しようとするのではなく、変化するものだと考えている。

アクティブ／リスポンシブ・リスニング（Active/Responsive Listening）
　時々「カラダ全体で聞く」とも言われる。深く聞くことであり、言葉を聞くだけにとどまらない。アラン・アルダ（Alda 2017: 33）は、誰かの話をリスポンシブに聴くとは「すべてから影響を受けるがままにすることである。言葉だけではなく、声のトーン、ボディランゲージ、相手が部屋のどこに立っているのか、どのような姿勢で椅子に座っているかといった些細なことも含めて」と説明している。

ありのままであれ（Be Obvious）
　賢く振る舞ったり、面白く振る舞ったりするのではなく、ありのままであれというのは、「オリジナルの」アイデアを思いつこうとするよりも、自分の衝動を信頼せよという助言である。優れたインプロバイザーは、問題解決やストーリーの展開に焦点を合わせる。そのためのベストの方法は、その瞬間に注意を向けて、真実の反応をすることである。「インプロバイザーはありのままでいればいるほど、よりオリジナルに見えることに気づくべきだ」とキース・ジョンストンは述べた（Johnstone 1979）。インスピレーションを与えるアーティストは、ありのままでいるアーティストである。

イエス・アンド（Yes, And）
　「オファーを受け入れ」（「イエス」と言う）、このオファーに立ってさらに（アンド）プロセスを先に進めて、新しいアイデアを創り出すという基本的な原理を指し、広く使用される略語。「イエス・アンド」は、自分自身のオファーや他者のオファーを「ブロック」しないようにしてくれる。「イエス・アンド」という言葉自体、新人インプロバイザーがオファーを受け入れ、そこから創り上げていくことを習慣化す

ることを助けてくれるため、よく使われる。しかし残念なことに「イエス・アンド」は、しばしば教師によって「すべてのオファーに常にイエス・アンドをしなくてはならない」と、教条的なルールとして教えられてしまう。このようなアドバイスは、この原理の複雑さを無視している。例えば、もし「ノー」と言うことで、前提・場面（シーン）・ストーリーが前に動くなら、これはブロックではなく、受け入れと理解することができる。またあるインプロバイザーが、他のインプロバイザーの個人的な安全を危うくするようなオファーをした場合、オファーを受けたインプロバイザーは「ノー」と言って、あるいは「イエス」ではない何か（言葉やジェスチャー）でブロックをしても、それは望ましくないオファーに対する自分の反応にイエス・アンドしたことである。可能なときはいつでも、このような状況が起こったときは、振り返りと内省の機会として用いるようにする。劇中のキャラクターがシーンで必要とするものや望むものと、インプロバイザーとしてパートナーから欲しいと思うものや望むものを常に評価することは、パートナーの必要に自分を合わせる（パートナーが素敵に見えるようにする）ことと共に、自分の主張や感情的な知性を養うことに役立つ。キース・ジョンストンは、インプロバイザーの自己認識とパートナーに関わるスキルアップの支援として、即興トレーニングに陽気な「いいえ」のオプションを追加した。もしパートナーのオファーが歓迎できるものではなく、可能性のサークル内にとどまらないなら、エクササイズの中で、礼儀正しく「いいえ」の声をあげるようにと学生を励ます。先に述べたように、常にインプロのルールは、変容する空間における作業の進化を柔軟に支援するべきであり、邪魔をするものであってはならないのだ。

オファー／ブロック／アクセプト（Offer/Block/Accept）

これら3つは相互に関連していて、インプロでしばしば用いられる用語である。オファーは、プレーヤーが言ったり行ったりするすべてのことである。ブロックは、活動が展開するのを阻むすべて、もしくはパートナーのオファーによって創られたリアリティを退けるすべてである。アクセプトは、イエスと言うことによって、オファーを妥当なものとして扱い、活動を先に進めることである。

確率の輪（Circle of Probability）

キース・ジョンストンが提唱した構成的ストーリーテリングの概念。インプロバイザーが舞台上で筋書きを展開するとき、観客は次に起こることを推測しながら、頭の中でそれぞれのストーリーを想像する。観客たちの推測するストーリーが、舞台で展開しているストーリーと密接につながるとき、観客はよりダイナミックにストーリーに関わることになる。この観客が想像すると考えられる確率のサークル内にいること

は、観客に迎合するという意味ではない。これはシンプルに、創り上げられた想像世界の論理に従って、ストーリーを前に進めることを訓練するためのツールである。

ギブ・アンド・テイク（Give and Take）

コントロールをシェアする原理、すなわちフォーカスを与える（ギブ）／受け取る（テイク）とは、オファーを与える／受け取るを交互に行うことである。ギブ・アンド・テイクはどんな協働作業にとっても重要である。スポーリン（Spolin 1963）は、「競争をグループの努力に転じよ」、「最終結果よりもプロセスが先決であることを忘れないように」と書いている。この原則は、パートナーに焦点を合わせて、他者のオファーを受け入れがちな人をステップアップさせて、自分自身に焦点を合わせて、大胆にオファーをするように励ますことである。反対に、他者へのフォーカスに抵抗して、他者のオファーを受け取るよりも、多くのオファーをしがちな人にもこの原則は当てはまる。こういう人には、必死に自分自身の考えにしがみつくのではなく、一番牽引力を発揮するストーリーや考えに身を委ねるようにと促すのである。

健康で元気であれ（Be Fit and Well）

インプロバイザーは不確実な状況に直面したとき、「何が起こるかわからない。でもきっとうまくいく」と、意識的に自分自身に言い聞かせる。これが「健康で元気であれ」の真髄である。われわれの経験では、このような態度でいることは、どんなやりとりにおいてもより良い影響を与える。これは驚くべき力である。

コミット（Commit）

コミットは、それがどれほどバカバカしいものであっても、挑戦的なものであっても、エクササイズに100％参加することを求める。そのようにあろうと意思することで、「入る」か「出る」かを気にするよりも、より周囲のオファーに注意を払うことができる。完全なエクササイズへのコミットは他者にも伝染し、完全にコミットするように他者を鼓舞する。エクササイズが計画どおりにいかなくても、コミットは自己肯定感を高める助けになる。なぜなら、失敗もいとわない／成功させたいというあなたの意思に何らの疑いもないからである。

サイド・コーチング（Side-Coaching）

舞台の横にいる演出家が、舞台上のインプロバイザーに、問題解決にフォーカスし続けられるよう、ポジティブな方向へと動いていくように指示を与えること。応用インプロでは、ファシリテーターが舞台上のインプロバイザーと同じように、舞台以外

の場所でサイドコーチを使う。またファシリテーターがインプロ実践の鍵となる、その場での即座なフィードバックをする機会ともなる。

失敗する権利／間違いは贈り物（Right to Fail/Mistakes Are Gifts）

どんなオファーでも、それに意図があるかどうかに関わりなく、そこから何かを創ることは可能であり、むしろすべてのオファーを歓迎することを意味する。いい／悪いや間違い／成功という評価は、単純にわれわれが活動に課す枠組みである。この評価を横において、間違いから創ることを学ぶことは、すべての原則の中でもっともパワフルなもののひとつである。失敗は学びのプロセスの一部であり、優れたインプロバイザーなら誰しも言うように、大きな失敗は最良のアイデアになりうる。実際キース・ソーヤー（Sawyer 2007：163-4）によれば、これは協働的な組織における「イノベーションの法則」である。「失敗がない限り、成功もない。そして失敗なしに成功することはないのであるから、われわれは失敗を尊ぶ組織文化を創造する必要がある」。われわれは学生に、気軽に失敗しよう、あるいはジョンストンがアドバイスするように「失敗してもハッピーでいよう！」と提案する。

ステイタス（Status）

社会的序列の位置づけを決定する身体的・言語的な行動のこと。ステイタスはその人が誰であるか（与えられた、あるいは固定された役割）ではなく、その人が何を演じるか（すなわち、達成したステイタス）である。ステイタスのエクササイズ、ゲーム、テクニックは、応用インプロのファシリテーションでよく使われ、方法論の大部分はキース・ジョンストンの基礎的な仕事に由来する。ステイタスをもっと学ぶためには、キースジョンストンの『インプロ―自由自在な行動表現（*Improvisation and the Theatre*）』（Johnstone 1979）の「ステイタス」の章を読むことをお勧めする。また対立の解決と教育学における、権力とステイタスについての8章と9章の議論も参照のこと。

パートナーが素敵に見えるようにせよ（Make Your Partner Look Good）

他者に焦点を当てて、瞬時に他者が必要なことを与える（ギブする）こと。別の見方をすると、あなたのパートナーが、あなたと一緒に仕事することは楽しいと思えるような人に、あなたがなることである。あなたのパートナーが感激したり、触発されたりする行動を見つける。パートナーを楽しませるのだ。キース・ジョンストン（Johnstone 1979）はこう書いている。「最初のスキルとは、パートナーの想像力を解き放つことであることをインプロバイザーは理解しなくてはならない」。この言葉

は、この原則が善意の性質をもっていることを示している。究極的には、プレーヤーがパートナーを素敵に見えるように全力を尽くせば、全員がしっかりとサポートされていると感じて、協働的な創造と革新のための風土が生まれる。もし意識的に「パートナーが素敵に見えるように行動する」ことを目的にすれば、あなたのプレッシャーは即座に消えるのだ！

見る前に跳べ（Leap Before You Look）

考えてから行動するよりも、まず行動して、それから何をしたらいいかを見つけよう。もちろん計画した方が良い状況も多くあるが、プレイするという目的のためには、未来をコントロールしようとするよりも、次にくることを発見しようとすることの重要性を、この原則は気づかせてくれる。

付録B　エクササイズ

　すべての章のエクササイズは、組み合わせて試してみると良い。それぞれのやり方と振り返りは、各章の事例として書かれているため、参加者の独自のニーズに合わせてカスタマイズすることを勧める。各エクササイズには無限のバリエーションと名前があり、ここでの説明は決定的なものではない。振り返りに記載した問いは、話し合いの出発点として役立たせることを目的としており、任意の順序で使用したり、変更したり、置き換えたりすることができる。一般的に演劇のインプロでは、ゲームと言われているが、本書ではそれを「エクササイズ」と呼ぶ。これはスキルを支え、発展させ、健康と安心を改善し、何かが起こるように促す活動を示す言葉だからである。

　以下の項目は、ニーズに合わせて調整できるように、あえて明示的には記されていない。

- 大きなグループをペアや小グループに分割し、各ペアのどちらが始めるかを決める方法。
- 参加者全員を同数に割り振ることができないときに（例えば、参加者が奇数の場合）、エクササイズを調整する方法。
- 参加者の数。特に明記されていない限り、任意の数でエクササイズ実施が可能である。
- 部屋の大きさ。
- 時間の制約。
- 参加者が座っているか立っているか。

「連関事項」セクションについて

　それぞれのエクササイズの末尾に、「連関事項」と題されたセクションを置いた。これには目的がある。まずエクササイズを作った人の名前をできる限り掲載した。いくつかのエクササイズは著者たちの考案によるもので、それ以外はすでにあるエクササイズの応用であり、長年いろいろな名前で使用されている。

　この分野の歴史的・理論的な基礎を尊重することは不可欠なので、オリジナルの出典との連関が不明なエクササイズの場合、このスペースは、スポーリン、ジョンストン、その他、特定の特徴や目的を共有していると思われる基本的なエクササイズと

ファシリテーターをつなげるために設けた。また、概説した目的をサポートし強化するための追加のエクササイズや情報も記載した。

注

イントロダクション

[1] VUCA（volatile, uncertain, complex, ambiguous）はもともと、1990年代に陸軍戦略大学で使われるようになった頭字語で、ビジネス界において、人々が可能な未来を共に想像し、共に創造するようにする新しい生き残り戦略を必要として、絶えず変化し続ける世界を示すために援用された。

[2] われわれが「ファシリテーター」という言葉を使うのは、その多様な定義が、幅広い応用インプロのファシリテーション・ワークと合致するからである。ファシリテーターはプロセスをファシリテートし、プロセスを簡単にし、組織やグループの問題を予見し、発見し、解決するのをサポートし、変化をナビゲートする者でありうる。しばしば優れた教師は、生徒が共に知識を構築する環境をつくるとき、「学びのファシリテーター」と呼ばれる。応用インプロでは、トレーナー・コーチ・インストラクター・教師という呼称も使われる。

[3] ドリュー・ボイドとジェイコブ・ゴールデンバーグは、彼らの著書 *Inside the Box: A Proven System of Creativity for Breakthrough Results*（Boyd & Goldenberg 2014）の中で、仕事場におけるイノベーションのための「箱の中」思考について概説している。

[4] 2017年6月26日付、著者たちへのEメール。

[5] 7章のハファーカーとドーソンの「協働的リーダーシップ文化」の記述、および11章のマラーキーとソーヤーの「境界のある不安定さ」と「最小限の構造、最大限の自律」についての議論も参照。

[6] コルブ（Kolb 1984）の経験的学習サイクルは、高等教育で広く使われており、実践・応用・省察の同様の構造で応用されている。5章でマクルアーは、コルブの理論を彼女のファシリテーションに適用している。

[7] ボイドの *Handbook of Recreational Games* は1945年に出版され、今も販売されている。

[8] Slade（1954), Way（1967), Courtney（1968）参照。

[9] 1993年ジム・アンサルドは、中程度に認知障害のある学生たちの演劇クラスのための認知的柔軟性とコミュニケーション・スキルを開発するためにインプロ・ゲームを用いた。1997年ゲイリー・ハーシュは招待されて、ポートランド州立大学のMBAクラスでインプロの授業を行った。1996～1999年、キャシー・サリットが新しく創立した劇団「パフォーマンス・オブ・ライフタイム」は、相互的成長のために応用インプロと演劇を応用したプログラムと、多様な専門家たちのグループからなっていた。1990年代後半、ケイトリン・マクルアーは、UPS のための応用インプロワークショップを支援するため、サンフランシスコの「ビジネスシアター劇団」に雇われた。ただし、当時は応用インプロという言葉は使われていなかった。

[10] 以下を推奨する。Halpern and Luber（2003), Gladwell（2005), Sawyer（2007), Pink（2012), Koppett（2013), Leonard and Yorton（2015), Salit（2016), Alda（2017), Kulhan and Cridasuli（2017)（年代順）

[11] 間違って「インプロ」は、大部分キース・ジョンストンの仕事と彼の著書、*Impro: Improvisation in the Theatre* の影響のため、イギリス・スタイルのインプロヴィゼーションのことだ

と思われている。

1章

［1］メールによる個人的なやりとり。

［2］このビデオを観るには、以下のサイトにアクセスしてほしい。パフォーマンス・オブ・ライフタイム・ウェブサイト http://performanceofalifetime.com/clients.

［訳注］http://performanceofalifetime.com/wp-content/uploads/2016/03/POAL-Brochure.pdf

2章

［1］参加者の名前はすべて仮名である。

3章

［1］もっとも優れた活動を行っている施設は、通常このような施設で、最低限必要な寝場所や食料を提供するというレベルをはるかに超えた支援を提供し、さらに教育・レクリエーション・カウンセリング・生活の精神面に及ぶ支援を行っている。St.PJ は、子どもたちが難民認定を待つ間に、これらすべてを提供している。

［2］サイド・コーチングのコツについては、スポーリン（Spolin 1963）も参照。

［3］グァテマラとホンジュラスから来たマヤ語を話す人々がおり、使用言語の残り10％を構成していた。

［4］参加者の名前はすべて仮名である。

［5］2016年1月10日付、フェイスブック上の著者への非公開メッセージより。

4章

［1］コミュニティにおける災害対策の心得帳（play book）の例として、以下の地震関連の資料を参照のこと。https://www.fema.gov/media-library/assets/documents/98396

5章

［1］V. Berger-Gross, 個人的なコミュニケーションより。2011年11月。

［2］サイロ（silos）の訳。この文脈での「サイロ」とは、通常は互いにうまくコミュニケーションができない個別のビジネスユニットを意味する。

［3］ティファニーでは、われわれは「ゲーム」よりも「アクティビティ」という言葉を使うことにした。「ゲーム」は楽しいだけという意味があるからだ。「アクティビティ」は、もっとフォーマルな意味がある。ティファニーはフォーマルな組織であり、それぞれのアクティビティには、個別の教育的な機能があることを明確にしたかったのである。また「アクティビティ」は、計画の時点では「楽しい」とは言えない場合もある。なぜならわたしの目的は、アクティビティが楽しかろうが、そうでなかろうが、参加者に経験を与えること、参加者が経験から何かを学ぶのを助けることにあるからである。

［4］この章の参加者の反応は、ゴシックで表示している。

6章

[1] 認知研究応用センター（現・パラダイム・パーソナリティ研究所 paradigmpersonality.com）によって開発された。

[2] このエクササイズはヴァイオラ・スポーリン（Spolin 1963）の《探って、強めて（Explore and Heighten）》、キース・ジョンストン（Johnstone 1999）の《進めて（進めないで）（Advancing (And Not Advancing))》と特徴を共有している。また《もっと詳しく／続けて》は、フォティスとオハラの著書（Fotis and O'Hara 2016）にも書かれている。

7章

[1] ジェス・リーからのすべての引用は、2016年8月16日のインタビューより。

［訳注］http://www.liberatingstructures.com

8章

[1] この業績を深く洞察するためには、Fisher et al.（2011）; Hocker and Wilmot（2014）; Kriesberg and Dayton（2017）; LeBaron and Pillay（2006）; Lederach（2003; 2005）; and Trujillo et al.（2008）を参照。

[2] 本章では多くのエクササイズが勧められている。そのいくつかはエクササイズ集に紹介されている。それ以外のほとんどは、以下の中に見つけられる。Boal（1992）; Fotis and O'Hara（2016）; Improv Encyclopedia; Koppett（2013）; Jackson（2003）; Johnstone（1979; 1999）; Hall（2014）; Madson（2005）; McWaters and Moore（2012）; Spolin（1963）; TheThiagiGroup.

[3] 「スペース・オブジェクト・ワーク」とも呼ばれ、想像の物体を「使って」、それを現実の物のように見立てるエクササイズである。

[4] 《もっと詳しく／続けて》については、6章を参照のこと。

［訳注］精神分析家であるヤコブ・モレノが創始した集団を分析するための技法。

9章

[1] Giroux（2017）も参照。

[2] 批判的教育・多様な認識論・学術の言語と構造の植民地的遺産についての発展的議論は、Lilia D. Monzó and Suzanne Soohoo（2004）も参照。

[3] Derald Wing Sue et al.（2007）も参照。

[4] 《マグリットへの敬意》の活用については、エクササイズ集8.1のパート1を参照。

[5] ボアールのジョーカー・システムでは、ファシリテーターが「ジョーカー」と呼ばれる。トランプのジョーカーはどの手札にもなれる中立的で変幻自在な存在であることから、このように命名された。ジョーカーの主な目的は、規範的な現実を揺さぶり不安定にして、出来事や状況の解釈は1つではないと指摘することである。この不安定化により、参加者は現実についての批判的気づきが得られるのである。

10章

[1] エクササイズ集2.1《ウーッシ・バン・パウ》を参照。これは《ジップ・ザップ・ゾップ》に似ている。

11章

[1] ソーヤーの著書 *Zig Zag: The Surprising Path to Great Creativity*（Sawyer 2013）に、さらなる解説がある。

[2] ビル・クリッチリーは組織心理学者・コンサルタント・コーチで、組織の開発と変革に関する多くの著作がある。

[3] Heifetz et al.（2009）を参照。

文　献

Alan Alda Center for Communicating Science. 2016. "About Us."Accessed June 24, 2017. http://www.aldakavlilearningcenter.org/getstarted/about-us.

Alan Alda Center for Communicating Science. 2016. "Dealing with Complexity." Accessed June 24, 2017. http://aldacentersbustg.prod.acquia sites.com/sites/default/files//2016/3.%20Learn/Workshops/WORKSHOP%20PREP/Dealiing-with-Complexity.pdf.

Alda, Alan. 2017. *If I Understood You, Would I Have This Look on My Face?* New York: Random House.〔アラン・アルダ／高橋洋（訳）2018.『全米最高視聴率男の「最強の伝え方」』青土社.〕

Applied Improvisation Network. Accessed June 22, 2017. http://appliedimprovisation.network/.

Baker Miller, Jean. 1995. "Domination and Subordination." In *Race, Class & Gender in the United States: An Integrated Study*, edited by Paula S. Rothenberg, 57-64. New York: St. Martin's Press.

Boal, Augusto. 1992. *Games for Actors and Non-actors*. London: Routledge.

Boesen, Kevin P., Richard N. Herrier, David A. Apgar, and Rebekah M. Jackowski. 2009. "Improvisational Exercises to Improve Pharmacy Students' Professional Communication Skills." *American Journal of Pharmaceutical Education* 73(2): 35.

Box, George E. P. 1979. "Robustness in the Strategy of Scientifi c Model Building." In *Robustness in Statistics*, edited by R. L. Launer and G. N. Wilkinson, 201. 36. New York: Academic Press.

Boyd, Drew, and Jacob Goldenberg. 2014. *Inside the Box: A Proven System of Creativity for Breakthrough Results*. New York: Simon & Schuster.〔ドリュー・ボイド, ジェイコブ・ゴールデンバーグ／池村千秋（訳）2014.『インサイドボックス：究極の創造的思考法』文藝春秋.〕

Boyd, Neva L. [1945] 1975. *Handbook of Recreational Games*. New York: Dover Publications.

Brown, Shona L., and Kathleen M. Eisenhardt. 1998. *Competing on the Edge: Strategy as Structured Chaos*. Boston: Harvard Business School Press.

Brownell, Sarah E., Jordan V. Price, and Lawrence Steinman. 2013. "Science Communication to the General Public: Why We Need to Teach Undergraduate and Graduate Students this Skill as Part of Their Formal Scientifi c Training." *Journal of Undergraduate Neuroscience Education* 12(1): E6-10.

Bush, Robert A. Baruch, and Joseph P. Folger. 2005. *The Promise of Mediation: The Transformative Approach to Conflict*. San Francisco: John Wiley.

Caines, Rebecca, and Ajay Heble. 2015. *The Improvisation Studies Reader: Spontaneous Acts*. London; New York: Routledge.

Caplan, Kerri. 2006. "Drama Therapy: A Possible Intervention for Children with Autism." MA thesis, Concordia University, Montreal (oai:spectrum.library.concordia.ca:9267).

Coleman, Peter T., Morton Deutsch, and Eric C. Marcus. 2000. "Power and Confl ict." In *Handbook of Confl ict Resolution: Theory and Practice*, 108-30. San Francisco: Jossey Bass.

Coopman, S. J., and J. T. Wood. 2004. *Everyday Encounters: An Instructor's Manual*. Boston, MA: Cengage Learning.

Courtney, Richard. 1968. *Play, Drama & Thought: The Intellectual Background to Dramatic Education*. London: Cassell.

CRLT Players. 2016. "About the Players." Center for Research on Learning and Teaching. Accessed June 22, 2017. http://www.crlt.umich.edu/crltplayers/about-players.

D'Amico, Miranda, Corinne Lalonde, and Stephen Snow. 2015. "Evaluating the Effi cacy of Drama Therapy in

Teaching Social Skills to Children with Autism Spectrum Disorders." *Drama Therapy Review* 1(1): 21-39.

Davis, Jocelyn R., Henry M. Frechette, Jr., and Edwin H. Boswell. 2010. "Leaders Manage Climate." In *Strategic Speed: Mobilize People, Accelerate Execution*, 107-30. Boston: Harvard Business Review Press.

Derald Wing Sue et al. 2007. "Racial Microaggressions in Everyday Life: Implications for Clinical Practice." *American Psychologist* 62(4): 271-86.

Drath, Wilfred H., Cynthia D. McCauley, Charles J. Palus, Ellen Van Velsor, Patricia M. G. O'Connor, and John B. McGuire. 2008. "Direction, Alignment, Commitment: Toward a More Integrative Ontology of Leadership." *The Leadership Quarterly* 19(6): 635-53.

Dudeck, Theresa Robbins. 2013. *Keith Johnstone: A Critical Biography*. London: Bloomsbury.

Fisher, Roger, and Daniel Shapiro. 2006. *Beyond Reason: Using Emotions as You Negotiate*. New York: Penguin Books. 〔ロジャー・フィッシャー, ダニエル・シャピロ／印南一路 (訳) 2006. 『新ハーバード流交渉術：感情をポジティブに活用する』講談社.〕

Fisher, Roger, William L. Ury, and Bruce Patton. 2011. *Getting to Yes: Negotiating Agreement Without Giving In*. Updated revised edition. New York: Penguin Books. 〔ロジャー・フィッシャー, ウィリアム・ユーリー, ブルース・パットン／金山宣夫・浅井和子 (訳) 1998. 『ハーバード流交渉術』TBS ブリタニカ, 新版.〕

Fotis, Matt, and Siobhan O'Hara. 2016. *The Comedy Improv Handbook: A Comprehensive Guide to University Improvisational Comedy in Theatre and Performance*. New York: Focal Press.

Freire, Paulo. (1968) 2000. *Pedagogy of the Oppressed*. New York: Continuum. 〔パウロ・フレイレ／三砂ちづる (訳) 2018. 『被抑圧者の教育学』亜紀書房.〕

Frost, Anthony, and Ralph Yarrow. 2007. *Improvisation in Drama*. New York: Palgrave Macmillan.

Frost, Anthony, and Ralph Yarrow. 2016. *Improvisation in Drama, Theatre and Performance: History, Practice, Theory*. London: Palgrave Macmillan.

Funk, Cary, and Lee Rainie. 2015. "Public and Scientsts' Views on Science and Society." *Pew Research Center: Internet, Science & Tech*. January 29. http://www.pewinternet.org /2015/01/29/public-andscientists-views-on-science-and-society/.

Garff, Chris [ChrisGarff1's channel]. 2011. "Utah Heroes Save Motorcyclist from Burning Wreckage." YouTube video. 14:08. Posted September 15. https://www.youtube.com/watch?v=GV3hz2PEZNs.

Garschagen, Matthias et al. 2016. *World Risk Report 2016*. Berlin: Bündnis Entwicklung Hilft and UNU-EHS.

Giroux, Henry. 2017. "Higher Education and Neoliberal Temptation: A Conversation with Henry Giroux," by Almantas Samalavicius. *Eurozine*, January 11. Accessed January 14, 2017. http://www.eurozine.com/higher-education-and-neoliberal-temptation/.

Gladwell, Malcolm. 2005. *Blink: The Power of Thinking without Thinking*. New York: Back Bay Books. 〔マルコム・グラッドウェル／沢田博・阿部尚美 (訳) 2006. 『第1感：「最初の2秒」の「なんとなく」が正しい』光文社.〕

Glass, Ronald David. 2001. "On Paulo Freire's Philosophy of Praxis and the Foundations of Liberation Education." *Educational Researcher* 30(2): 15-25.

Goleman, Daniel. 1995. *Emotional Intelligence*. New York: Bantam Books. 〔ダニエル・ゴールマン／土屋京子 (訳) 1996. 『EQ こころの知能指数』講談社.〕

Hall, William. 2014. *The Playbook: Improv Games for Performers*. San Francisco: Fratelli Bologna.

Halpern, Belle Linda, and Kathy Lubar. 2003. *Leadership Presence: Dramatic Techniques to Reach Out, Motivate, and Inspire*. New York: Gotham Books.

Halpern, Charna, Del Close, and Kim Johnson. 1994. *Truth in Comedy: The Manual of Improvisation*. First ed.

Colorado Springs: Meriwether Publishing.

Harper, Shaun R., ed. 2008. *Creating Inclusive Campus Environments: For Cross-Cultural Learning and Student Engagement*. Washington, DC: NASPA.

Heddon, Deirdre, and Jane Milling. 2006. *Devising Performance: A Critical History (Theatre and Performance Practices)*. Basingstoke [England]; New York: Palgrave Macmillan.

Heifetz, Ronald A., Alexander Grashow, and Martin Linsky. 2009. *The Practice of Adaptive Leadership: Tools and Tactics for Changing Your Organization and the World*. Boston: Harvard Business Press.〔ロナルド・A・ハイフェッツ, マーティ・リンスキー, アレクサンダー・グラショウ／水上雅人（訳）2017.『最難関のリーダーシップ：変革をやり遂げる意志とスキル』英治出版.〕

Hocker, Joyce, and William Wilmot. 2014. *Interpersonal Conflict*. New York: McGraw Hill.

Huffaker, Julie S. 2017. "Me to We: How an Organization Developed Collaborative Leadership Culture." PhD dissertation, Fielding University, Ann Arbor. ProQuest/UMI (10258071).

Improv Encyclopedia. Accessed June 22, 2017. http://improvencyclopedia. org/.

Innes, Christopher. 1993. *Avant Garde Theatre, 1892-1992*. New York: Routledge.

Jackson, Paul Z. 2003. *58 ½ Ways to Improvise in Training*. Wales, UK: Crown House Publishing.

Johnstone, Keith. (1979) 1987. *Impro: Improvisation and the Theatre*. New York: Routledge.〔キース・ジョンストン／三輪えり花（訳）2012.『インプロ：自由自在な行動表現』而立書房.〕

Johnstone, Keith. 1999. *Impro for Storytellers*. New York: Routledge.

Kegan, Daniel L. 1971. "Organizational Development: Description, Issues, and Some Research Results." *Academy of Management Journal* 14(4): 453-64. doi:10.2307/255060.

Kempe, Andy, and Cathy Tissot. 2012. "The Use of Drama to Teach Social Skills in a Special School Setting for Students with Autism." *Support for Learning* 27(3): 97-102.

Kolb, David A. 1984. *Experiential Learning: Experience as the Source of Learning and Development, Vol. 1*. Englewood Cliffs, NJ: Prentice-Hall.

Koppett, Kat. 2013. *Training to Imagine: Practical Improvisational Theatre Techniques for Trainers and Managers to Enhance Creativity, Teamwork, Leadership, and Learning*. Sterling, VA: Stylus Publishing.

Kriesberg, Louise, and Bruce W. Dayton. 2017. *Constructive Conflicts: From Escalation to Resolution*. Lanham, MD: Rowman & Littlefield.

Kulhan, Bob, and Chuck Crisafulli. 2017. *Getting to "Yes And": The Art of Business Improv*. Stanford, CA: Stanford Business Books.

Laloux, Frederic. 2014. *Reinventing Organizations*. Brussels: Nelson Parker.〔フレデリック・ラルー／鈴木立哉（訳）2018.『ティール組織：マネジメントの常識を覆す次世代型組織の出現』英治出版.〕

Lange, Catherine de. 2013. "Careers for Scientists Away from the Bench." *Naturejobs Blog*. May 21. http://blogs. nature.com/naturejobs/2013/05/21/careers-for-scientists-away-from-the-bench/.

LeBaron, Michelle, and Venashri Pillay. 2006. *Conflict across Cultures: A Unique Experience of Bridging Difference*. Boston: Intercultural Press.

Lederach, John Paul. 2003. *The Little Book of Conflict Transformation*. Intercourse, PA: Good Books.〔ジョン・ポール・レデラック／水野節子・宮崎誉（共訳）／西岡義行（編）2010.『敵対から共生へ：平和づくりの実践ガイド』ヨベル.〕

Lederach, John Paul. 2005. *The Moral Imagination: The Art and Soul of Building Peace*. New York: Oxford University Press.

Leonard, Kelly, and Tom Yorton. 2015. *Yes, And: How Improvisation Reverses "No, But" Thinking and Improves Creativity and Collaboration*. New York: Harper Business.

Lichtenstein, Benyamin B. 2014. *Generative Emergence: A New Discipline of Organizational, Entrepreneurial, and Social Innovation*. Oxford: Oxford University Press.

Lipmanowicz, Henri, and Keith McCandless. 2013. *The Surprising Power of Liberating Structures: Simple Rules to Unleash a Culture of Innovation*. Seattle: Liberating Structures Press.

Lubkemann, Stephen. 2002. "Where to Be an Ancestor? Reconstituting Sociospiritual Worlds and Post-conflict Settlement Decision-Making among Displaced Mozambicans." *Journal of Refugee Studies* 15(2): 189-212.

Madson, Patricia R. 2005. *Improv Wisdom: Don't Prepare, Just Show Up*. New York: Bell Tower.

McCauley, Cynthia D., Charles J. Palus, Wilfred H. Drath, Richard L. Hughes, John B. McGuire, Patricia M. G. O'Connor, and Ellen Van Velsor. 2008. *Interdependent Leadership in Organizations: Evidence from Six Case Studies*. Greensboro: Center for Creative Leadership.

McWaters, Viv, and Johnnie Moore. 2012. *Creative Facilitation*. Victoria, Australia: Beyond the Edge.

Monzó, Lilia D., and Suzanne Soohoo. 2014. "Translating the Academy: Learning the Racialized Languages of Academia." *Journal of Diversity in Higher Education* 7(3): 147-65.

Nair, Nisha. 2008. "Towards Understanding the Role of Emotions in Confl ict: A Review and Future Directions." *International Journal of Conflict Management* 19(4): 359-81.

Neumann, John von and Morgenstern, Oskar. 1944. *Theory of Games and Economic Behavior*. Princeton: Princeton University Press.〔J. フォン・ノイマン, O. モルゲンシュテルン／阿部修一・橋本和美（訳）2009.『ゲームの理論と経済行動』ちくま学芸文庫, 筑摩書房.〕

Patel, Leigh. 2016. *Decolonizing Educational Research: From Ownership to Answerability*. New York: Routledge.

Peteet, Julie M. 1995. "Transforming Trust: Dispossession and Empowerment among Palestinian Refugees." In *Mistrusting Refugees*, edited by E. Valentine Daniel and John Chr. Knudsen, 168-86. Berkeley: University of California Press.

Pink, Daniel H. 2012. *To Sell Is Human: The Surprising Truth about Moving Others*. New York: Riverhead Books.〔ダニエル・ピンク／神田昌典（訳）2013.『人を動かす、新たな3原則：売らないセールスで、誰もが成功する!』講談社.〕

Poynton, Robert. 2008. *Everything's an Offer: How to Do More with Less*. Portland, OR: On Your Feet.

Rogoff, Barbara. 2003. *The Cultural Nature of Human Development*. New York: Oxford University Press.〔バーバラ・ロゴフ／當眞千賀子（訳）2006.『文化的営みとしての発達：個人、世代、コミュニティ』新曜社.〕

Rossing, Jonathan P., and Krista Hoffmann-Longtin. 2016. "Improv(ing) the Academy: Applied Improvisation as a Strategy for Educational Development." *To Improve the Academy* 35(2): 303-25. doi:10.1002/tia2.20044.

Rothman, Jay. 1997. *Resolving Identity Based Conflicts*. San Francisco: Jossey Bass.

Rouhana, Nadim N., and Korper, Susan H. 1996. "Dealing with the Dilemmas Posed by Power Asymmetry in Intergroup Conflict." *Negotiation Journal* 12(4): 315-28.

Salit, Cathy Rose. 2016. *Performance Breakthrough: A Radical Approach to Success at Work*. New York: Hachette Books.〔キャシー・サリット／門脇弘典（訳）2016.『パフォーマンス・ブレークスルー：壁を破る力』徳間書店.〕

Saunders, Harold H. 1999. *A Public Peace Process: Sustained Dialogue to Transform Racial and Ethnic Conflicts*. New York: Palgrave.

Sawyer, Keith. 2003. *Improvised Dialogues: Emergence and Creativity in Conversation*. Westport, CT: Ablex Publishing.

Sawyer, Keith. 2007. *Group Genius: The Creative Power of Collaboration*. New York: Basic Books.〔キース・ソーヤー／金子宣子（訳）2009.『凡才の集団は孤高の天才に勝る：「グループ・ジーニアス」が生み出すもの

すごいアイデア』ダイヤモンド社.〕

Sawyer, Keith. 2013. *Zig Zag: The Surprising Path to Greater Creativity*. San Francisco: Jossey-Bass.

Schuler, Adriana L. 2003. "Beyond Echoplaylia: Promoting Language in Children with Autism." *Autism* 7(4): 455-69.

Slade, Peter. 1954. *Child Drama*. London: University of London Press.

Slepian, Michael L., Kathleen R. Bogart, and Nalini Ambady. 2014. "Thin-Slice Judgments in the Clinical Context." *Annual Review of Clinical Psychology* 10: 131-53.

Sommers, Marc. 2001. *Fear in Bongoland: Burundi Refugees in Urban Tanzania*. New York: Berghahn Books.

Spolin, Viola. (1963) 1999. *Improvisation for the Theater: A Handbook of Teaching and Directing Techniques*. Third edition. Evanston, IL: Northwestern University Press.

The ThiagiGroup. Accessed June 22, 2017. http://www.thiagi.com/.

Thompson, Jessica Leigh. 2009. "Building Collective Communication Competence in Interdisciplinary Research Teams." *Journal of Applied Communication Research* 37(3): 278-97.

Ting-Toomey, Stella, and John G. Oetzel. 2001. *Managing Intercultural Conflict Effectively*. Thousand Oaks, CA: Sage Publications.

Trujillo, Mary Adams, S. Y. Bowland, Linda James Myers, Phillip M. Richards, and Beth Roy, eds. 2008. *Re-centering: Culture and Knowledge in Conflict Resolution Practice*. New York: Syracuse University Press.

University of Queensland. 2008. "Three Minute Thesis: About 3MT." Accessed June 22, 2017. http://threeminutethesis.org/index.html?page=191537&pid=193447.

Vera, Dusya, and Mary Crossan. 2005. "Improvisation and Innovative Performance in Teams." *Organization Science* 16 (3): 203. 24. http://www.jstor.org/stable/25145963.

Voutira, Eftihia, and Barbara E. Harrell-Bond. 1995. "In Search of the Locus of Trust: The Social World of the Refugee Camp." In *Mistrusting Refugees*, edited by E. Valentine Daniel and John Chr. Knudsen, 207-24. Berkeley: University of California Press.

Watson, Katie. 2011. "Perspective: Serious Play: Teaching Medical Skills with Improvisational Theater Techniques." *Academic Medicine* 86(10): 1260-5. doi:10.1097/ACM.0b013e31822cf858.

Way, Brian. 1967. *Development through Drama*. London: Longmans.〔ブライアン・ウェイ／岡田陽・高橋美智（訳）1977.『ドラマによる表現教育』玉川大学出版部.〕

Wheeler, Michael. 2013. *The Art of Negotiation: How to Improvise Agreement in a Chaotic World*. New York: Simon and Schuster.〔マイケル・ウィーラー／土方奈美（訳）2014.『交渉は創造である：ハーバードビジネススクール特別講義』文藝春秋.〕

著者プロフィール

テレサ・ロビンズ・デュデク（Theresa Robbins Dudeck）【編者・11章】
『キースジョンストン：批評的自伝（*Keith Johnstone: A critical biography*）』の著者、インプロのトレーナー、ファシリテーター、研究者、教育者、Global Improvisation Initiative (GII) の創始者の一人。
https://www.globalimprovisation.com

キャシー・サリット（Cathy Salit）【1章】
社会起業家、ミュージカル・コメディ・インプロバイザー、エグゼクティブ・コーチ、コンサルティング会社「パフォーマンス・オブ・ライフタイム」の CEO。著書 *Performance Breakthrough: A Radical Approach to Success at Work* (2016)

レイシー・アラナ（Lacy Alana）【2章】
精神保健福祉士、インプロバイザー。創造的な表現活動と臨床活動に情熱を注ぐ。臨床経験に基づき、自閉症の若者対象の革新的なセラピーやアートプログラムを実施中。自閉症の若者に関わる教育者や治療者の育成も行っている。

ジム・アンサルド（Jim Ansaldo）【2章】
インディアナ大学の生涯教育センターにおいて、研究、学校変革の支援、応用インプロに関する教育、文化的教育実践、カリキュラムのデザイン、コンサルタント、オンラインラーニングを担当している。インプロ・コメディと音楽インプロを25年行っている。

ブラッド・フォーティア（Brad Fortier）【3章】
20年以上にわたりインプロを学び、教え、演じ、演出し、執筆を行っている。オレゴン保健局公平包括課（the Oregon Health Authority's Office of Equity and Inclusion）のトレーニング・開発コーディネーターとして、インプロを相互的・経験的に応用している。著書 *Long-Form Improvisation: Collaboration, Comedy, and Communication* (2010) など。

マリー・ティシュキェヴィチ（Mary Tyszkiewicz（Dr,T））【4章】
ワシントン DC 地域の社会的利益の変革に関する研究者。「勇者のインプロ・プログラム」は、生命の危機を感じるような危機時に、即興的な対応をすることによって、小集団に変革を起こすものである。シラキューズ大学にて博士号取得（行政学）。

ケイトリン・マクルアー（Caitlin McClure）【編者・5章】
経験学習を用いたリーダーシップ開発プログラムを世界中で提供中。応用インプロを BATS で、インプロをキース・ジョンストン（Keith Johnstone）に学ぶ。コロンビア大学で成人学習とリーダーシップの修士号を取得、2011 〜 2017年ティファニー社でリーダーシップ開発プログラムの再設計と指導を支援。

テレサ・ノートン（Teresa Norton）【6章】
スターメーカーの創設者。長年にわたる俳優の経験と中華圏での生活経験を活かして、エグゼクティブに対するコーチング、トレーニング、コンサルティングを行う。クライアントを奮い立たせて、自分らしく、影響力のあるコミュニケーションの支援がテーマである。

ジュリー・ハファーカー (Julie Huffake) とカレン・ドーソン (Karen Dawson)【7章】
協働的知性を解き放つコンサルティング集団「ディーパー・ファニアー・チェンジ（Deeper Funnier Change)」所属。組織とリーダーシップ理論が日々の複雑なビジネス上のリアリティに出会ったときに何が起こるかに関して興味を持っている。

バーバラ・ティント (Barbara Tint)【8章】
心理学者、ポートランド州立大学教授。対立解消・対話・男女関係・異文化間の力学・権力と地位・リーダーシップ・変革といった分野における世界的なトレーナー・ファシリテーター・コンサルタント。応用インプロ・ネットワークの代表。

アナリサ・ディアス (Annalisa Dias)【9章】
劇作家、コミュニティ・オーガナイザー、教育者。被抑圧者の劇場（Theatre of the Oppressed)ワークショップを国内外で開催。人種・アイデンティティ・民主化・パフォーマンスについて講演も行う。アメリカン・ポリティカル・サイエンス・アソシエーション所属。

ジョナサン・P・ロッシング (Jonathan P. Rossing) とクリスタ・ホフマン・ロングティン (Krista Hoffmann-Longtin)【10章】
ジョナサンは修士号（高等教育行政学）、博士号（修辞学、文化学）を取得。クリスタは修士号（コミュニケーション）を取得後、リーダーシップと政策について学ぶ。教育とコミュニケーション理論を学び、教育的手法と体験的学習の形として、応用インプロに関して強いコミットをもっている。

ニール・マラーキー (Neil Mullarkey)【11章】
1985年に「ザ・コメディー・ストア・プレイヤーズ（The Comedy Store Players)」を創立。現在も劇団で活躍中。その傍ら23か国でビジネスにインプロを応用して講演やワークショップを行っている。著書 *Seven Steps to Improve Your People Skills* (2017)

キース・ソーヤー (Keith Sawyer)【11章】
創造性・協働・学習を専門に研究する世界的に有名な科学者。14冊の著書と80本以上の論文を出版。MIT でコンピューター・サイエンスを学び、シカゴ大学で修士号と博士号を取得。ノースカロライナ大学チャペルヒル校の特別名誉教授。

訳者プロフィール

絹川友梨（きぬがわ ゆり・ヒュース由美）【監訳／イントロダクション・1章】

俳優、インプロバイザー、インプロワークス代表。玉川大学・桜美林大学・日本大学非常勤講師。University of Auckland, Master of Arts in Drama（First class honor）・東京大学大学院学際情報学府修士課程修了。東京大学大学院博士課程在籍。著書『インプロ・ゲーム：身体表現の即興ワークショップ』（晩成書房）など。翻訳『ザ・オーディション』、『俳優のためのハンドブック』（以上、フィルムアート社）。

久保田智之（くぼた ともゆき）【2章・4章】

Ｔｓメンタルヘルスオフィス代表。順天堂大学・白百合女子大学・常葉大学非常勤講師。臨床心理士・公認心理師。立命館大学文学部卒業・静岡大学大学院人文社会科学研究科修了。著書『大災害と子どものストレス』（誠信書房, 共著）。カウンセリングと研修講師の傍ら、プレイバックシアターの社会活用プロジェクト「リトルアス・プレイバックシアター」主宰として自主公演や子育て支援施設でのワークショップなどを実践している。

伊吹香織（いぶき かおり）【3章】

早稲田大学日本語教育研究センターインストラクター（非常勤）・上智大学言語教育研究センター非常勤講師・淑徳日本語学校兼任講師。早稲田大学大学院日本語教育研究科日本語教育学修士・City University of New York, Hunter College, Master of Arts in Theatre 修了。研究分野は会話教育、異文化理解、教師間協働、アクティブラーニング。インプロには役者として出会い、現在、そのゲームや理念を留学生の日本語教育での教室活動に応用している。

山中秀二（やまなか しゅうじ）【5章】

NEC マネジメントパートナー株式会社 シニアエキスパート。京都大学文学部（心理専攻）卒業。NEC グループ各社で人材採用、人事制度設計、人材開発、組織開発、タレントマネジメント、コーチング等を通じ人と組織の成長を支援。会社における人と組織が車の両輪の関係にあり、その強化にインプロが活用できると考えている。国際コーチ連盟認定コーチ養成機関 CTI（Coach Training Institute）の認定コーチ (CPCC)。360度フィードバック（The Leadership Circle）認定トレーナー（TLCCP）。

宇都出雅巳（うつで まさみ）【6章・8章】

トレスペクト教育研究所代表。東京大学経済学部・ニューヨーク大学スターンスクール卒業（MBA）。国際コーチ連盟認定・プロフェッショナル・コーチ（PCC）。著書『絶妙な「聞き方」の技術』（明日香出版社）、『どんな本でも大量に読める「速読」の本』（大和書房）等。訳書『売り込まなくても売れる！実践編』（J・ワース著, フォレスト出版）、『コーチング・バイブル』（フィル・サンダール他著, 共訳, 東洋経済新報社）。

石井宏明 (いしい ひろあき)【7章・10章】
HEART AND BRAIN COMMUNICATION 代表。東京情報大学経営情報学部卒業。「場づくりのプロが教えるアイスブレイク（DVD）」（ガイアモーレ）。インプロを応用したワークショップ・コンテンツやファシリテーションの場づくりを行い、次の時代をつくる組織と人材の発達支援を行っている（組織開発ファシリテーター、システムコーチ、Tグループトレーナー、自律型組織コーチ等）。

三野宮春子 (さんのみや はるこ)【9章・11章】
大東文化大学文学部特任准教授。ハワイ大学マノア校大学院修士課程修了。東京大学大学院博士課程在籍。『授業談話を変えるアクティビティ開発：教師が手作りする授業』（神戸市外国語大学研究叢書）や「即興、すなわち、意味と表現の共時的創造」（関西英語教育学会紀要）など。中高教員養成と英語教育研究の傍ら、「英語アクティビティ工房」を主宰、インプロの手法を用いて教育ワークショップを開催。

応用インプロの挑戦
医療・教育・ビジネスを変える即興の力

初版第 1 刷発行　2020年12月 5 日

編　　者　テレサ・ロビンズ・デュデク＆ケイトリン・マクルアー
監訳者　絹川友梨
発行者　塩浦　暲
発行所　株式会社　新曜社
　　　　101-0051　東京都千代田区神田神保町 3 − 9
　　　　電話 (03) 3264-4973 (代)・FAX (03) 3239-2958
　　　　e-mail : info@shin-yo-sha.co.jp
　　　　URL : https://www.shin-yo-sha.co.jp

組版所　Katzen House
印　刷　星野精版印刷
製　本　積信堂

インプロをすべての教室へ 学びを革新する即興ゲーム・ガイド	C. ロブマン、M. ルンドクウィスト ジャパン・オールスターズ 訳	A5判232頁 本体2100円
パフォーマンス心理学入門 共生と発達のアート	香川秀太・有元典文・茂呂雄二 編	A5判244頁 本体2400円
革命のヴィゴツキー もうひとつの「発達の最近接領域」理論	フレド・ニューマン、ロイス・ホルツマン 伊藤 崇・川俣智路 訳	四六判452頁 本体3600円
みんなの発達！ ニューマン博士の成長と発達のガイドブック	F. ニューマン、P. ゴールドバーグ 茂呂雄二・郡司菜津美・城間祥子・有元典文 訳	A5判224頁 本体1900円
ドラマ教育ガイドブック アクティブな学びのためのアイデアと手法	B. ラドクリフ 佐々木英子 訳	四六判136頁 本体1600円
街に出る劇場 社会的包摂活動としての演劇と教育	石黒広昭 編	A5判232頁 本体2400円
遊ぶヴィゴツキー 生成の心理学へ	ロイス・ホルツマン 茂呂雄二 訳	四六判248頁 本体2200円
人狼ゲームで学ぶコミュニケーションの心理学 嘘と説得、コミュニケーショントレーニング	丹野宏昭・児玉 健	A5判168頁 本体1700円
越境する対話と学び 異質な人・組織・コミュニティをつなぐ	香川秀太・青山征彦 編	A5判400頁 本体3600円
ヴィゴツキーの思想世界 その形成と研究の交流	佐藤公治	四六判320頁 本体2400円
ヴィゴツキーからドゥルーズを読む 人間精神の生成論	佐藤公治・長橋 聡	四六判312頁 本体2800円
拡張的学習の挑戦と可能性 いまだここにないものを学ぶ	Y. エンゲストローム 山住勝広 監訳	A5判288頁 本体2900円
理解するってどういうこと？ 「わかる」ための方法と「わかる」ことで得られる宝物	E. オリヴァー・キーン 山元隆春・吉田新一郎 訳	A5判448頁 本体2200円
生命の発達学 自己理解と人生選択のために	秋山道彦	四六判282頁 本体2600円
発達をうながす教育心理学 大人はどうかかわったらいいのか	山岸明子	A5判224頁 本体2200円

（表示価格は税抜きです）